마흔,
더 늦기 전에
생각의 틀을
리셋하라

일러두기
- 책 제목은 『 』, 잡지 등 언론 매체명은 《 》, 영화와 드라마는 〈 〉로 표기했습니다.
- 본문 내 모든 표기는 국립국어원의 한글 맞춤법과 외래어 표기법을 따랐습니다.

숨 가쁘게 변하는 세상에서 진짜 나로 살기 위해

마흔,
더 늦기 전에
생각의 틀을
리셋하라

박근필 지음

알토북스

Prologue

마흔, 익숙한 세계에
던지는 질문

    마흔. 누군가에게는 인생의 절반을 지나 새로운 전환점을 맞이하는 나이일 테고, 또 누군가에게는 번아웃과 자기 의심으로 흔들리는 시기일 겁니다. 저 역시 마흔이라는 나이를 맞아 수많은 질문을 던졌습니다.

'나는 지금 행복한가?'
'내가 원하는 삶은 무엇인가?'
'왜 이렇게 공허한 걸까?'

    이런 질문들은 단순히 나이를 먹으며 겪는 일시적인 감정 같다가도, 어느새 깊은 고민으로 이어졌습니다.

그러다가 한 가지 깨달음에 도달했어요. 삶이 바뀌려면 행동이 바뀌어야 하고, 행동을 바꾸려면 생각이 바뀌어야 한다는 사실이죠. 특히 우리가 오랫동안 당연하다고 믿어 온 틀에 박힌 사고, 예컨대 '우울증은 나약함의 증거다', '성공하려면 열심히 노력하는 게 답이다'와 같은 고정관념을 깨뜨려야만 비로소 변화의 효과가 극대화된다는 것이었죠. 마흔이라는 나이는 바로 이런 사고의 리셋이 필요한 시점이었습니다. 따라서 더 늦기 전에, 우리의 생각을 새롭게 점검하고 변화시켜야 합니다.

이 책에 단순히 제 사사로운 의견만을 담고 싶지는 않았습니다. 자칫 공염불에 그치거나 독자의 공감을 얻지 못할 수도 있다는 우려가 있었기 때문이죠. 그래서 다양한 과학적 근거와 데이터, 전문가들의 의견을 토대로 삼아 설득력을 높이려 노력했습니다. 예컨대 우울증에 대한 오해를 다룰 때는 심리학 연구와 통계를 바탕으로, 성공에 대한 고정관념을 논할 때는 경영학자와 뇌과학자들의 최신 연구를 참고했죠. 이를 통해 독자 여러분이 단순히 감정적인 공감에 그치지 않고, 논리적이고 실질적인 통찰을 얻을 수 있도록 구성했습니다.

이 책은 총 다섯 개의 장으로 이루어져 있어요. 먼저 우울증과 자기 의심을 다루며 내면의 불안을 리셋하고, 관계의 고정관념을 깨며 더 건강한 인간관계를 제안합니다. 이어서 성공과 성장의 기준을 새롭게 정의하고, 삶의 의미와 태도를 재정립하며, 마지막으로 일상과 배움에 대한 편견을 깨는 여정을 함께할 겁니다. 각 장은 마흔의 독자 여러분이 자신의 삶을 돌아보고, 새로운 관점으로 '리셋' 할 수 있도록 돕는 길잡이가 되어 줄 거예요.

마흔이라는 나이는 끝이 아니라, 다시 시작할 수 있는 절호의 기회입니다. 이 책이 여러분의 생각을 리셋하고, 더 나은 삶으로 나아가는 첫걸음이 되기를 진심으로 바랍니다. 자, 이제 함께 '리셋 버튼'을 하나씩 눌러, 새로운 삶의 여정을 시작해 볼까요?

저자 박근필

Contents

Prologue　마흔, 익숙한 세계에 던지는 질문 — 9

1장　내면의 불안을 리셋하다
단단한 마음의 중심 잡기

Reset Button 01　우울증은 경험하지 않는 게 상책이다 — 19
Reset Button 02　우울증에 걸린 사람은 나약하다 — 24
Reset Button 03　강한 멘털은 기질적으로 타고난다 — 30
Reset Button 04　언제나 나만 힘들다, 내가 제일 힘들다 — 35
Reset Button 05　후회와 걱정은 삶에 도움이 된다 — 39
Reset Button 06　나란 존재는 쓸모가 있어야만 가치 있다 — 42
Reset Button 07　항상 높은 자존감을 유지해야 한다 — 48
Reset Button 08　내 삶은 늘 행복해야 한다 — 52
Reset Button 09　스트레스는 삶에 해로울 뿐이다 — 57
Reset Button 10　고독은 고립이나 마찬가지다 — 62
Reset Button 11　부정적 감정은 억누르고 감춰야 한다 — 66
Reset Button 12　'나는 특별한 존재다'라고 생각하며 사는 게 좋다 — 70
Reset Button 13　자신감에는 외부의 인정이 절대적이다 — 73

2장 관계의 고정관념을 리셋하다
건강한 거리, 성숙한 연결

Reset Button 14　결이 비슷한 사람끼리 어울리는 게 좋다 — 81
Reset Button 15　자신 먼저 챙기는 사람은 이기적이다 — 85
Reset Button 16　부모는 자녀에게 늘 좋은 모습만 보여야 한다 — 89
Reset Button 17　인생의 기회는 가까운 사람에게서 온다 — 93
Reset Button 18　첫인상이 사람을 판단하는 데 도움이 된다 — 97
Reset Button 19　선의로 한 말이니 괜찮다 — 101
Reset Button 20　'꼰대'는 나이 많은 어른에게만 해당하는 말이다 — 105
Reset Button 21　사람은 변하지 않는다 — 110
Reset Button 22　약점을 공유하면 손해를 본다 — 114
Reset Button 23　거절은 곧 내가 싫다는 의미다 — 118

3장 성공과 성장의 기준을 리셋하다
나만의 속도와 방향 찾기

Reset Button 24　작은 성취보다 큰 성취가 우선이다 — 125
Reset Button 25　베풀며 살면 손해다, 이기적이어야 성공한다 — 130
Reset Button 26　언제나 플랜 A, 최선의 선택을 해야 한다 — 134
Reset Button 27　올인해야 성공 확률이 높다 — 138
Reset Button 28　장점을 키우기보다 단점을 보완하라 — 142
Reset Button 29　성공하려면 열심히 노력하는 게 답이다 — 147

Reset Button 30	실패할 것 같으면 피하는 게 상책이다	— 151
Reset Button 31	멀티태스킹도 능력이다	— 157
Reset Button 32	실패의 가장 큰 원인은 나에게 있다	— 161
Reset Button 33	미래를 위해 현재의 희생은 감수해야 한다	— 166
Reset Button 34	목표 성취를 위해선 잠도 줄여야 한다	— 169
Reset Button 35	한 우물만 깊이 파면 된다	— 175
Reset Button 36	포기하면 실패자, 낙오자다	— 180

4장 삶의 의미와 태도를 리셋하다
유연하게 세상을 대하는 지혜

Reset Button 37	삶의 의미나 목적 없이 살아도 괜찮다	— 187
Reset Button 38	모난 돌이 정 맞는다고, 튀면 손해다	— 192
Reset Button 39	낙천적으로 사는 게 좋다	— 195
Reset Button 40	눈에 보이지 않는 것보다 보이는 걸 믿어라	— 199
Reset Button 41	리스크, 불확실성은 피해야 한다	— 202
Reset Button 42	가능한 한 모든 상황을 내가 통제해야 한다	— 206
Reset Button 43	내가 직접 보거나 들은 건 충분히 믿을 만하다	— 210
Reset Button 44	완벽히 준비되었을 때 도전해야 한다	— 214
Reset Button 45	좋아하지 않는 일을 하는 건 의미 없다	— 218
Reset Button 46	사소한 것보다 굵직한 것에 신경 써야 한다	— 222
Reset Button 47	성공한 사람은 모두 운이 좋았을 뿐이다	— 226
Reset Button 48	모든 건 다 때가 있다	— 229
Reset Button 49	워라밸이 완벽히 지켜져야 바람직한 삶이다	— 233

5장 일상과 배움을 리셋하다
작지만 확실한 변화 만들기

Reset Button 50　독서할 땐 최대한 많이 기억하는 게 좋다 — 239

Reset Button 51　어리석은 질문은 하지 않는 게 낫다 — 242

Reset Button 52　'갓생'을 살리면 미라클 모닝이 필수다 — 248

Reset Button 53　무료 배포, 제작 과정 공유는 손해다 — 251

Reset Button 54　인공지능이 곧 글쓰기를 대신할 것이다 — 255

Reset Button 55　파이어족은 이상적인 삶의 형태다 — 259

Reset Button 56　모든 문제는 되도록 빨리, 즉시 해결하도록 한다 — 262

Epilogue　리셋, 나다운 삶을 향한 새로운 시작 — 265

1장

내면의 불안을 리셋하다

단단한 마음의 중심 잡기

우리는 늘 행복을 추구합니다. 그 과정에서 정신력만 있으면 뭐든 이룰 수 있다고 스스로를 채근하고, 원하는 목표에 단번에 도달하지 못하면 초조함과 불안에 휩싸여 그 원인을 내 안에서 찾으려 애씁니다. 그런데 분주했던 이십 대와 삼십 대를 지나 마흔이 되고 보니, 그것이 얼마나 부질없는 일이었는지 조금은 알 것 같습니다.

끝없이 이어지는 자책과 비교, 걱정이 결코 나에게 긍정적인 영향을 주지 않았거든요. 누구에게나 삶은 녹록지 않습니다. 저 역시 수많은 좌절과 자책 끝에 번아웃과 우울증에 빠진 적이 있습니다. 그때 제가 다시 일어설 수 있었던 것은, 내면의 불안을 '리셋'했기 때문입니다.

우울증은
경험하지 않는 게
상책이다

"우울증은 그 사람의 삶에 필요하기에 겪는다."

— 카를 구스타프 융 —

우울증은 마음과 몸을 망가뜨리고 삶을 어둡게 만듭니다. 게다가 그 고통은 워낙 깊고 무겁게 다가오죠. 그런데 다른 측면도 생각해 볼 필요가 있어요. 때로는 우울증이 삶에 새로운 가능성을 여는 열쇠가 되기도 합니다. 지금부터 다양한 전문가의 의견과 경험, 사례, 연구 결과를 토대로 이 이야기를 풀어내려 합니다.

"우울증은 그 사람의 삶에 필요하기에 겪는다."

심리학자 카를 구스타프 융이 한 말입니다. 우울증이 왔다는 건 변화가 필요하다는 강력한 신호일 수 있어요. 지금과 다르게 살 수 있는 기회를 제공하는 거죠.

저 또한 번아웃과 마음의 지진, 우울증으로 힘든 시기를 보낸 적이 있었습니다. 그 무렵 저는 완벽주의에 갇혀 스스로를 끊임없이 몰아붙이며 살았습니다. 그런 삶의 방식이 결국 저를 무너뜨리고 말았던 거죠. 삶이 더는 지금까지와 같은 방식으로 살지 말고 다른 방식으로 살라는 명확한 메시지를 던진 것이었어요.

그 일을 계기로 저는 삶을 대하는 태도와 방식을 완전히 바꿨습니다. 새로운 도전을 시작했고, 독서와 글쓰기를 통해 마음을 돌보기 시작했습니다. 그리고 그 결과는 정말 놀라웠습니다. 전과 전혀 다른 삶을 살게 되었고, 우울증에서도 벗어났으니까요.

더 깊고 의미 있는 삶을 향한 전환점

정신적 외상이나 극심한 스트레스 후 긍정적인 심리적 변화를 경험하는 '외상 후 성장Post-Traumatic Growth, PTG' 개념에 따르면, 많은 이가 역경 이후에 삶에 대한 감사, 타인과의 관계 심화, 개인적 강점 발견 등 긍정적 변화를 겪는다고 합니다. 예를 들어, '다양한 역경 경험 후의 외상 후 성장에 대한 메타 분석 연구'는 이러한 긍정적 변화가 실제로 나타남을 뒷받침합니다〈Journal of Loss and Trauma〉, 2014. 즉, 우울증과 같은 깊은 고통을 계기로 이전과는 전혀 다른, 더 깊고 의미 있는 삶을 살 수 있다는 거죠.

정신건강의학과 전문의 김지용도 우울증에 대해 "삶의 방식이 바뀔 필요가 있어서 와르르 무너뜨렸던 거고요. 이제는 다른 방식의 삶을 만들어야 그게 진짜 치료입니다."라고 말했습니다.

이처럼 우울증은 삶의 깊이를 더하는 계기가 됩니다. 우울증을 앓았던 경험이 반드시 공감 능력을 높인다고 단언하기는 어렵습니다. 하지만 일부 연구에서는 고통의 경험이 타인의 고통에 대한 이해나 연민을 증가시킬 수 있음을 시사합니다. 예컨대 역경을 경험한 것이 타인에 대한 연민을 증가시킬 수 있다는 연구 결과가 있습니다 Lim & DeSteno, 2016,《Emotion》. 가수이자 시인인 레너드 코헨 Leonard Cohen 은 "내 음악은 우울증에서 비롯되었다."라고 했죠. 그는 고통을 창작의 뿌리로 삼아 사람들의 영혼을 울리는 노래를 만들었어요.

뜻밖에도 우울증은 삶을 완전히 바꾸는 절체절명의 전환점이 되기도 합니다. 우울증과 좌절로 밑바닥까지 내려갔을 때 판타지 소설 『해리 포터』를 집필했던 J.K. 롤링 Joanne Kathleen Rowling 은, 2008년 하버드대 졸업식 축사에서 이렇게 말했습니다.

"인생의 밑바닥은 제가 삶을 재건할 수 있는 단단한 기반이 되었습니다."

그러니 신호를 무시하거나 외면하지 마세요. 바뀌지 않은 채로 도전하지 않는 것이 더 두려운 상황을 만듭니다. 움직이고 행동하세요.

내면의 고통을 밖으로 꺼내 놓으세요

　무엇보다 우울증은 삶의 깊은 깨달음을 줍니다. 나치 수용소에서 살아남은 정신과 의사 빅터 프랭클Victor Frankl은 『죽음의 수용소에서』에서 "고통 속에서 삶의 의미를 찾는다."라는 메시지를 전했습니다. 저 역시 우울증의 고통을 통해 삶에서 진정 중요한 것들을 다시 발견할 수 있었어요. 개그맨 출신의 사업가이기도 한 고명환 작가는 『이 책은 돈 버는 방법에 관한 이야기』에서 "지금 당신에게 닥친 고통, 당신이 짊어지고 있는 짐은 어쩌면 당신을 살리기 위한 고통이고 짐인지 모른다."라고 했습니다. 이렇듯 우울증이야말로 삶을 돌아보게 하고 재설계하게 하는 소중한 기회입니다.

　우울증은 창작과 회복의 씨앗이기도 합니다. 고통이 자신의 그림을 낳았다고 말한 빈센트 반 고흐Vincent van Gogh처럼, 학계에서도 우울증과 창의성 간의 관련성에 주목한 연구들이 활발히 이루어지고 있어요. 예를 들어, 2013년 《영국 정신의학 저널The British Journal of Psychiatry》에 발표된 대규모 연구에 따르면, 작가와 같은 창의적 직업군에서 양극성 장애 등 특정 정신 질환의 유병률이 더 높게 나타났습니다. 이는 정신 질환과 창의성 간의 복잡한 연관성을 시사한다고 합니다.

저도 우울증이 가장 깊었던 시기에 글을 쓰며 마음속 깊이 담아 둔 속마음을 표현하면서 큰 도움을 받았습니다. 글쓰기가 항우울제와 진통제 역할을 해 주었으며, 그 효과는 정말 놀라울 정도로 컸습니다. 여러분도 마음이 괴롭다면 꼭 책을 읽고 글을 써 보세요. 내면의 고통을 밖으로 꺼내 놓는 순간 치유가 시작될 테니까요.

우울증을 무조건 해로운 것으로 치부하기보다는 우리 삶의 일부이며, 삶의 변화를 촉구하는 중요한 신호로 받아들이세요. 혹시 지금 마음이 괴롭고 힘들다면 삶에 변화를 주세요. 내면의 신호를 절대로 무시하지 마세요. 그리고 새로운 도전 앞에서 머뭇거리거나 뒷걸음치지 마세요. 우울증을 통해 무너진 삶을 새롭게 세우는 것이 진짜 치유입니다. 우울증은 단지 고통스러운 질병이 아니라, 진짜 나를 만나고 새로운 삶으로 나아가도록 이끄는 강력한 메시지입니다.

우울증에 걸린 사람은 나약하다

"우울한 건 문제가 아니다. 우울한 자신을 미워하고
견디지 못하는 게 문제다."

— 김주환(연세대 교수) —

정신력이 부족해서, 의지가 약해서, 쉽게 포기해서 우울증이 생긴다는 시선이 있습니다. 우울증을 제대로 이해하지 못한 편견에서 비롯된 잘못된 시선이죠. 사실 우울증은 개인의 나약함과는 무관한 질병이에요. 오히려 내내 강해야 한다는 부담 속에서 살아온 사람들이 사소한 자극에 쉽게 무너지곤 합니다. 우울증을 단순한 마음가짐의 문제로 치부하는 건, 다리가 부러져 걷지 못하는 사람에게 "네가 더 강했으면 이런 일을 겪지 않았을 텐데."라고 말하는 것과 같습니다. 그럼 과학적 연구와 사례를 통해 우울증이 개인의 나약함이 아니라는 사실을 살펴보죠.

2023년 세계보건기구는 우울증을 전 세계적으로 약 2억 8,000만 명이 겪고 있는 흔한 정신 건강 문제로 정의하며, 단순한 기분 변화가 아니라 생물학적, 심리적, 환경적 요인이 복합적으로 작용하는 질병이라고 설명합니다. 또한 "우울증은 나약함의 신호가 아니라 누구에게나 발생할 수 있는 질환이며, 적절한 치료를 받으면 충분히 회복할 수 있다."라고 강조하죠.

누구에게나 무기력한 순간이 찾아온다

우울증이 나약함의 결과라면, 왜 신체적으로 건강하고 잘나가는 사람들도 이 병을 겪는 걸까요? 미국의 수영 선수이자 수많은 신기록을 보유한 스포츠 영웅인 마이클 펠프스Michael Phelps는 극도의 우울증을 겪었다고 고백했습니다. 그는 하루도 빠짐없이 훈련하며 스물세 개의 금메달을 목에 건 전설적인 운동선수였어요. 하지만 "나는 내면에서 완전히 무너지고 있었다. 아무도 모르게 홀로 고통받았다."라고 말했습니다. 우울증은 단순한 의지의 문제가 아니에요. 그의 사례처럼, 목표를 이루고 인생의 정점을 찍은 사람도 걸릴 수 있습니다. 강한 정신력을 요구하는 스포츠 선수들조차 우울증에서 자유롭지 않아요.

이와 유사하게, 유명한 정치인과 기업인들 역시 우울증을 겪습니다. 영국의 윈스턴 처칠은 생애 내내 극심한 우울증과 싸워야 했어요. 그는 우울증을 '검은 개black dog'라고 부르며 "가끔은 이 검은 개가 나를 집어삼킬 듯이 덮쳐 왔다."라고 말했습니다. 하지만 그는 역사상 가장 위대한 지도자 중 한 명으로 남아 있죠. 만약 우울증이 나약해서 생기는 질병이라면, 전쟁 중 국민을 이끌었던 강인한 지도자인 처칠이 평생 우울증과 싸워야 했다는 사실을 어떻게 설명할 수 있을까요?

우울증은 단순한 정신적 약함이 아니라, 뇌의 생물학적 변화와 관련이 있습니다. 하버드 의과대학과 매사추세츠 종합병원의 공동 연구 Choi et al., 2019, 《Depression and Anxiety》에 따르면, 유전적으로 우울증에 취약한 사람들도 운동과 같은 신체 활동을 증가시키면 우울증 발병 위험을 크게 줄일 수 있다는 사실이 밝혀졌습니다. 이는 뇌 기능과 신경전달물질 시스템에 영향을 미치는 복잡한 상호작용의 결과로, 아무리 강한 의지를 가진 사람도 우울증에 걸릴 수 있음을 말해 줍니다. 단순한 마음가짐이나 태도의 문제가 아니라, 뇌의 생화학적 및 구조적 변화가 우울증을 유발하는 것이죠.

앨릭스 코브는 『우울할 땐 뇌 과학』에서 "이 모든 회로는 조건만 맞아떨어지면 언제든 우울증의 하강 곡선을 초래할 수 있다."라고 설명합니다. 우울증은 개인의 성격적 결함이 아니라, 생물학적, 환경적 요인이 복합적으로 작용해 발생하는 질병인 거죠. 그러니 우울증에 걸렸다고 해서 '내가 나약해서 그런가 보다'라고 자책할 필요가 없어요. 누구의 잘못 때문이 아니라 그저 상황과 조건이 맞아떨어진 결과일 뿐이니까요. 괜찮지 않은데 괜찮은 척, 힘든데 힘들지 않은 척하며 자신을 속이면 결국 탈이 나게 마련입니다. '나는 강해야 해'라고 스스로를 몰아붙이며 감정을 억누르면, 그것이 결국 우울증으로 이어질 수도 있어요.

가장 필요한 건, 마음 알아주기

누군가 우울증 환자에게 "네가 문제야.", "너 참 나약하다." 같은 말을 한다면 크게 실수하는 거예요. 이는 당사자의 가슴에 대못을 박는 말이자 사람을 두 번 죽이는 일이죠. 우울증을 비난하면 상처만 커집니다. "힘내.", "긍정적으로 생각해.", "조금만 더 노력해 봐." 같은 격려의 말도 오히려 역효과를 부를 수 있어요.

우울증에 대한 사회적 낙인이 강할수록 치료를 회피하거나 회복이 지연될 수 있다는 수많은 연구 결과가 있습니다Thornicroft et al., 2007, 《The Lancet》. 반면에, 사회적 지지가 우울증 회복에 긍정적인 영향을 미친다는 연구도 있습니다. 다시 말하건대, 우울증 환자에게 가장 해로운 건 비난이고 가장 필요한 건 이해와 공감입니다.

『회복탄력성』, 『내면소통』의 저자인 김주환 교수는 이렇게 말합니다.

"우울한 건 문제가 아니다. 우울한 자신을 미워하고 견디지 못하는 게 문제다. 자기혐오가 문제다. 내가 나를 인정하고 수용해야 한다. 우울증을 단순히 우울한 감정으로만 이해하는 것도 문제다."

그리고 "우울증은 오히려 무기력증으로 번역하는 것이 더 정확하다."라고 덧붙이죠. 언제나 생글생글 웃고 기분이 좋아 보이는 사람도 심한 우울증을 겪을 수 있어요. 우울증을 단순히 기분의 문제로 치부하는 건 위험한 오해입니다.

흔히 우울증을 '마음의 감기'라고 하죠. 그런데 이는 잘못된 표현입니다. 감기는 며칠 지나면 자연적으로 낫지만, 우울증은 그렇지 않거든요. 그냥 두어서는 안 돼요. 반드시 치료가 필요하죠. 스스로의 노력으로 상태가 호전되지 않는다면 전문가의 도움을 받아야 합니다.

우울증은 몸과 마음 모두 심하게 아픈 전신 질환입니다. 정신건강의학과 채정호 교수는 "우울증은 정신 질환이 아니라 전신 질환이다. 우울증이 심해지면 신체의 모든 기능이 저하된다."라고 말합니다. 실제로 우울증은 수면 장애, 면역력 약화, 심혈관 질환 등의 위험을 증가시키며, 삶의 질을 전반적으로 떨어뜨려요.

우울증을 앓는 사람에게 해야 할 말은 "너는 나약해."가 아닙니다. 대신 이렇게 말해 주세요.

"네 잘못이 아니야."

"너는 도움을 받을 자격이 있어."

"내가 네 곁에 있을게. 도움이 필요하면 언제든 말해 줘."

우울증 환자에게 가장 필요한 건 적극적 독려가 아닌 '공감'입니다. 안타깝게 고인이 된 배우 로빈 윌리엄스 역시 우울증을 겪으며 "누군가가 내 마음을 알아줬으면 했다."라고 말했다고 합니다. 관심은 말보다 존재로 더 깊게 전달됩니다.

윤홍균 정신건강의학과 전문의는 다음과 같이 말합니다.

"생각은 기둥과 같고 감정은 기초와 같다. 그런데 주위에 소중한 사람이 힘들어하고 있으면 생각을 바꾸기 위해 열심히 노력한다. 문제는 기초다. 감정이 무너진 상태에서 기둥을 세우려고 해 봤자 자꾸 무너진다. 먼저 감정부터 수습해 줘야 한다. 어떻게? 거의 유일한 방법이 공감이다. '그랬구나.', '그래서 화가 났구나.' 공감은 감정의 이해다."

나를 포함한, 내 주변의 누군가가 우울증을 겪고 있다면, 이제부터라도 이해와 공감의 눈으로 바라보세요. 사람을 일으켜 세우는 건 강요의 언어가 아니라, 조용한 관심과 진심 어린 공감입니다. 그렇게 마음을 나눌 때 비로소 우울증이라는 어둠 속에서도 다시 살아갈 힘이 생깁니다.

강한 멘털은
기질적으로 타고난다

"정신력은 타고나는 것이 아니라 학습되는 것이다."
— 루아나 마르케스 —

흔히 강한 정신력을 가진 사람을 보면 "타고났다."라는 말을 합니다. 마치 정신적 강인함이 유전적으로 결정되는 것처럼 말하죠. 하지만 단단한 정신력을 처음부터 가지고 태어난 사람은 한 명도 없어요. 수많은 경험과 도전, 실패를 통해 점차 강하게 단련되었을 뿐이죠.

하버드 의과대학의 조교수이자 맥린 병원 '불안 및 외상성 스트레스 장애 연구 프로그램'의 책임 연구원인 루아나 마르케스 Luana Marques 박사는 "정신적 강인함은 타고나는 것이 아니라 학습되는 것이다."라고 말합니다. 그녀는 자신의 저서 『모든 인생은 불안하다』 등에서 인지행동치료[CBT] 원칙을 기반으로 회복탄력성을 키우는 방법을 제시하며, 이것이 학습 가능한 기술이라고 강조합니다. 실제 연구에 따르면, 회복탄력성이 높은 사람들은 반복적인 실패와 도전을 통해 성장하는 경향이 있죠. 미 해병대 역시 신병 훈련 과정에서 신체적 강인함뿐만 아니라 정신력을 단련하는 데 집중합니다. 단순히 힘든 훈련을 견뎌 내는 게 아니라, 극한의 상황에서도 자신을 믿고 앞으로 나아가는 법을 익히게 하는 것이죠. 이런 훈련을 통해 미군은 정신력이 강한 사람이 따로 있는 게 아니라, 누구나 단련될 수 있다는 것을 증명합니다.

자신을 믿을 수 있는 '구석' 5가지

만약 정신력이 타고난 것이라면, 후천적인 경험과 훈련이 정신력에 영향을 미치지 않아야 합니다. 하지만 심리학자 캐럴 드웩[Carol Dweck]은 저서 『마인드셋』에서 '성장 마인드셋'을 가진 사람들이 더 강한 정신력을 갖게 된다고 설명합니다. 그녀의 연구에 따르면, 어려움을 성장의 기회로 받아들이는 태도를 가진 사람들은 좌절하지 않고 극복해 나가는 힘을 갖게 되죠. 다시 말해, 강한 정신력은 타고난 게 아니라 후천적으로 학습되는 겁니다.

강한 정신력을 가진 사람은 자신을 믿을 수 있는 '구석'을 가지고 있어요. 정신건강의학과 전문의 전미경은 정신력이 강한 사람들의 특징으로 다섯 가지 요소를 강조합니다. 그것은 바로 경제력, 실력, 삶의 의미와 목적, 미치도록 좋아하는 무엇, 의미 있는 타인입니다. 이 중에서 단 하나만 있어도 정신력이 강해질 수 있다고 말하죠. 이는 정신력이 기질적으로 타고나는 게 아니라, 후천적으로 형성된다는 점을 다시 한번 보여 줘요.

경제적 안정은 정신력을 지탱하는 중요한 요소입니다. 생존을 걱정해야 하는 상황에서는 강한 정신력을 유지하기가 쉽지 않아요. 한국보건사회연구원이 발표하는 〈한국복지패널 기초분석 보고서〉를 살펴보면 눈에 띄는 점이 있습니다. 2013년부터 2020년까지의 조사를 분석한 결과, 경제적 불안정이 중년기와 노년기에 자살 위험에 유의한 영향을 끼치는 것으로 나타났습니다. 게다가 소득 변동과 경제적 갈등 경험은 비장애인의 자살 위험증가에 유의한 영향을 주었다고 합니다.

또한 2021년 《란셋 정신의학 Lancet Psychiatry》에 발표된 '글로벌 질병 부담 연구' 결과에 따르면, 경제적 불안정과 같은 팬데믹 관련 요인이 전 세계적으로 우울증과 불안 장애를 각각 28%, 26% 증가시켰으며, 이는 정신적 스트레스를 악화시키는 주요 요인으로 작용했다고 해요. 불안정한 환경에서는 스스로를 의심하게 되고, 자신을 믿기 어려워집니다. 최소한의 경제적 기반이 있을 때, 사람들은 더 강한 자신감을 느끼게 되죠.

실력도 중요합니다. 어떤 환경에서도 살아남을 수 있는 능력이 있다면 외부 요인에 쉽게 흔들리지 않아요. 심리학자 앨버트 반두라Albert Bandura가 제시한 '자기효능감self-efficacy' 이론에 따르면, 자신의 능력에 대한 확신(자기효능감)이 높은 사람일수록 어려움에 더 잘 대처하고 회복탄력성이 높아 정신력이 강한 것으로 나타났습니다.

삶의 의미와 목적 역시 정신력을 강하게 만듭니다. 삶의 의미를 잘 아는 사람일수록 스트레스와 관련된 심리적 고통과 반복적 부정 사고가 더 적다는 연구 결과가 미국 긍정심리학회지에 발표되기도 했습니다Hooker et al., 2020, 《Journal of Positive Psychology》. 또한 삶의 의미가 스트레스와 우울 증상 간의 관계에서 완충 역할을 한다고 밝혀지기도 했습니다Krause, 2007. 삶의 방향성을 명확히 할수록 우리는 더 단단해질 수 있습니다.

몰입할 수 있는 무언가를 가진 사람도 쉽게 무너지지 않아요. 《미국 예방의학 저널American Journal of Preventive Medicine》에 실린 메타 분석 연구에 따르면, 규칙적인 신체 활동은 우울증 발병 위험을 유의미하게 감소시키는 것으로 나타났습니다Mammen & Faulkner, 2013. 멕시코가 낳은 세계적인 화가인 프리다 칼로Frida Kahlo는 육체적 고통 속에서도 그림에 몰입하며 정신적 안정을 찾았고, 작가 무라카미 하루키村上春樹, Murakami Haruki는 매일 달리는 습관을 통해 정신력을 유지했다고 하죠. 몰입의 다른 말은 '행복'입니다. 몰입할 수 있는 게 있다는 건, 정신력을 강하게 만드는 요소 중 하나에요.

그리고 강한 정신력을 가진 사람들은 대부분 의미 있는 타인이 곁에 있습니다. 미국 《정신의학 연구 저널 Journal of Psychiatric Research》에 실린 논문에 따르면, 가족이나 친구로부터의 사회적 지지가 있는 사람들은 회복탄력성이 더 높은 것으로 나타났어요 Hao et al., 2021. 국내 간호사와 대학생을 대상으로 한 각각의 연구에서도 사회적 지지가 회복탄력성에 유의미한 영향을 미친다는 결과가 보고되었죠. 인간은 사회적 동물이며, 우리가 혼자가 아니라고 느낄 때 더 강해질 수 있습니다.

강한 정신력은 결국 체력과도 연결됩니다. 국제적 학술지인 《네이처 커뮤니케이션즈 Nature Communications》에 피로가 쌓이면 노력에 기반한 결정을 내리는 뇌의 전두엽 피질 기능이 저하되어 감정 조절에도 영향을 미칠 수 있다는 연구 결과가 실리기도 했습니다 Meyniel et al., 2021. 아무리 정신력이 강하다 해도 체력이 뒷받침되지 않으면 버틸 수 없어요.

이렇듯 정신력은 경제력, 실력, 삶의 의미, 몰입할 수 있는 무언가, 의미 있는 타인과 같은 요소들을 쌓아 가며 스스로 단련하는 것입니다. 다시 말해 강한 정신력은 기질적으로 주어진 게 아니라, 후천적으로 길러집니다.

언제나 나만 힘들다,
내가 제일 힘들다

"나는 신발이 없다고 울었다.
발이 없는 사람을 만날 때까지."

— 고대 페르시아 격언 —

힘든 하루를 마치고 집으로 돌아오는 길, 현실이 너무 버거울 때면 누구나 이런 마음을 품기 쉽습니다. '언제나 나만 힘들다', '내가 제일 힘들다', '나의 고통이 가장 크다'라고 말이죠. 저 역시 저의 고통이 세상에서 가장 크고 무겁다고 느낀 적이 있어요. 주변 사람들은 뭐든 신나고 행복하게 해내는데, 나만 삶의 무게에 짓눌려 있다고 여겼죠.

우리가 이렇게 생각하는 가장 큰 이유 중 하나는 소셜미디어의 영향입니다. 소셜미디어에는 사람들의 '하이라이트 신'만 올라와요. 가장 행복한 순간, 가장 성공한 순간만 그럴듯하게 포장되고 가공되어 노출되죠. 우리는 그런 남의 화려한 겉모습과 나의 초라한 '비하인드 신'을 비교합니다. 결국 남의 베스트와 나의 워스트를 나란히 놓고 비교하는 꼴이죠. 오늘도 소셜미디어를 보며 왠지 모를 우울감과 슬픔에 빠져들지 않았는지 한번 되돌아보세요. 왜곡되고 과장된 모습을 액면가 그대로 받아들였다가는 우울하고 슬퍼질 수밖에 없으니까요. 그리고 지금부터라도 소셜미디어 문해력을 길러야 합니다.

누구나 인생이라는 전쟁터에서 힘든 싸움을 벌이고 있다

스웨덴 출신의 작가 비욘 나티코 린데블라드 Bjorn Natthiko Lindeblad 는 『내가 틀릴 수도 있습니다』에서 이렇게 말했습니다.

"만나는 사람마다 네가 모르는 전투를 치르고 있다. 친절하라, 그 어느 때라도."

이 말이 진짜입니다. 제가 아는 한 지인은 겉보기에 늘 밝고 활기찼습니다. 남들은 그를 보며 부러워했고, 삶의 고민이 전혀 없을 거라 생각했죠. 하지만 알고 보니 그는 우울증이 있었고, 가족 문제로 인해 홀로 눈물을 흘린 적도 있었습니다.

미국 예일대 의과대학 나종호 교수의 말이 떠오르더군요.

"완벽한 비단결처럼 보이는 사람의 인생도 그 속을 들여다보면 누더기를 겹겹이 덧댄 것과 같구나."

모두가 자신의 인생에서 각자 무거운 짐을 지고 살아갑니다. 마음속에 무거운 돌 하나씩 안고 살아가요. 예외란 없습니다. 돌의 크기, 개수와는 상관없이 각자의 돌이 가장 무겁습니다.

그런데 우리는 내 고통만 바라보다가 다른 사람이 짊어진 고통을 보지 못합니다. 자신이 겪는 일이 가장 힘들고 고통스럽게 느껴지는 건 자연스러운 일일 테지만, 사실 고통이란 결코 비교될 수 없습니다. 어느 글에서 이런 비유를 본 적이 있습니다.

"바늘로 코끼리를 찌르면 그저 따끔거리지만 개미에겐 치명적이고, 높은 빌딩에서 떨어져도 개미는 무사하지만 코끼리는 죽는다."

고통과 슬픔도 이와 같습니다. 타자의 슬픔을 자신의 기준으로 재단하지 마세요.

사람마다 느끼는 아픔의 크기와 무게는 다 달라요. 아무리 작은 일 같아 보여도 누군가에게는 견디기 힘든 큰 슬픔일 수 있습니다. '슬픔의 나무'라는 우화 하나를 소개할게요.

사람이 죽으면 하늘나라에 있는 커다란 슬픔의 나무 밑으로 갑니다. 나뭇가지에 자신이 겪은 고통과 불행을 걸어 놓고 다른 사람들의 고통과 비교해 볼 수 있죠. 마음에 드는 다른 사람의 고통을 가져올 수도 있지만, 결국 사람들은 자신의 고통을 선택하고 떠난다고 합니다. 아무리 둘러봐도, 결국 자신의 고통이 가장 견딜 만하다고 느끼기 때문이죠.

모두가 자기만의 무게를 안고 삶이라는 전쟁터에서 살아가고 있습니다. 겉으론 행복해 보이고 멀쩡해 보여도, 모두가 '아주 정상적인 아픈 사람들'이죠. 우리가 타인의 고통을 완벽히 이해할 수는 없습니다. 하지만 내가 힘든 만큼 남들도 힘들다는 사실을 기억할 수는 있어요. 내가 힘들 때, 나만 힘들다고 생각하지 말고 오히려 상대에게 친절을 베푸세요. 따뜻한 말 한마디가 사람을 웃게도 하고 살리기도 합니다. 결국 그 작은 친절이 돌고 돌아 나를 구할 수도 있어요.

이제부터 '나만 힘들다'라는 생각을 내려놓고 이렇게 말해 보세요.

"모두가 각자의 전투를 치르고 있다. 그러니 서로 조금 더 친절하고 다정하게 살아가자."

세상에는 내가 겪지 못한 다양한 아픔과 상처를 품은 사람들이 많습니다. 나만의 고통에서 벗어나 타인을 향해 손을 내밀어 보세요. 삶이라는 전쟁터가 한결 더 견딜 만하게 느껴질 겁니다.

후회와 걱정은 삶에 도움이 된다

"내 인생에서 많은 걱정을 했지만,
그 대부분은 일어나지 않았다."
― 마크 트웨인 ―

혹시 후회를 통해 교훈을 얻고, 걱정을 통해 미래를 대비할 수 있다고 생각하시나요? 곰곰이 생각해 보면, 이 두 감정은 우리를 성장시키는 게 아니라 오히려 발목을 잡습니다. 우리는 과거를 바꿀 수 없고, 미래를 정확히 예측할 수도 없어요. 결국 가장 중요한 건 지금, 이 순간을 살아가는 것이죠.

지난달 여러분이 무엇을 걱정했는지 떠올려 보세요. 기억조차 나지 않는다면, 그 걱정은 정말 중요했던 것일까요? 마크 트웨인 Mark Twain은 "내 인생에서 많은 걱정을 했지만, 그 대부분은 일어나지 않았다."라고 말했습니다.

터키 속담에도 비슷한 말이 있죠.

"걱정을 해서 걱정이 사라진다면, 걱정이 없겠지요."

걱정한다고 문제가 해결되지 않습니다. 그저 불안만 키울 뿐이죠. 실제로 걱정에 대한 연구들, 특히 불안 장애를 가진 사람들을 대상으로 한 연구에 따르면, 걱정하는 사건의 상당수가 실제로 발생하지 않으며, 설령 발생한다 해도 예상했던 최악의 시나리오보다는 덜 심각한 경우가 많다고 합니다. 우리는 많은 시간을 일어나지 않을 일을 걱정하며 소모하고 있는 겁니다.

그뿐만이 아니라, 만성적인 걱정은 스트레스 반응을 지속시켜 스트레스 호르몬인 코르티솔 수치를 높일 수 있습니다. 이로 인해 인지 기능, 특히 문제 해결 능력이 떨어질 수 있다는 사실이 신경과학 연구들을 통해 알려져 있습니다. 당장은 걱정이 도움이 될 것 같지만, 오히려 뇌를 피로하게 만들어 현실적인 해결책을 찾는 데 방해가 되는 것이죠.

반성과 계획 없는 삶은 없다

후회도 마찬가지입니다. 후회가 교훈이 될 수도 있지만, 그것은 반성과 성찰이 있을 때 가능해요. 후회는 반성에 불필요한 감정적 무게를 더한 것에 불과합니다.

《이모션Emotion》이란 학술지에 발표된 연구에 따르면, 사람들은 장기적으로 볼 때 자신이 했던 행동보다는 '하지 않은 일'에 대해 더 많이 후회하는 경향이 있습니다.Davidai & Gilovich, 2018. 하지만 단순히 후회에 머물 뿐, 실질적인 행동 변화로 반드시 이어지는 건 아닙니다. 아울러 심리학자 대니얼 길버트Daniel Gilbert는 사람들이 미래의 감정, 특히 후회와 같은 부정적 감정의 강도와 지속 기간을 과대평가하는 경향이 있다고 지적했습니다.

한때 크게 후회했던 일도 시간이 지나면 대수롭지 않게 여겨질 때가 많습니다. 지금 깊이 후회하는 일도 몇 년 후엔 무의미해질 확률이 높아요. 그렇다면 후회할 시간에 차라리 지금 할 수 있는 일에 집중하는 게 더 낫지 않을까요?

후회와 걱정이 우리를 성장시키는 게 아니에요. 성장하려면 후회가 아니라 반성이 필요하고, 걱정이 아니라 계획이 필요합니다. 후회는 과거에 발목을 잡히는 것이고, 걱정은 미래에 불안의 씨앗을 심는 일입니다. 하지만 반성은 현재를 돌아보고 앞으로 나아가게 하고, 계획은 미래를 준비할 수 있도록 도와주죠.

틱낫한Thich Nhat Hanh 스님은 "숨을 들이쉬며 내가 살아있음을 알아요. 숨을 내쉬며 이 순간이 얼마나 아름다운지 느껴요."라고 말했습니다. 지금 이 순간을 놓치지 않는 것이야말로 우리가 할 수 있는 가장 지혜로운 선택입니다.

나란 존재는
쓸모가 있어야만
가치 있다

"나무는 열매를 맺지 않아도 나무입니다."

― 김창옥 ―

사회는 끊임없이 '유용성'을 요구합니다. 얼마나 생산적인지, 어떤 성과를 냈는지, 얼마나 영향력을 발휘하는지를 기준으로 사람의 가치를 판단하죠. 과연 그게 전부일까요? 만약 어떤 일이든 잘 해내야만 가치가 있는 것이라면 실패한 순간, 아프거나 쉬는 순간, 또는 아무것도 하지 않는 순간 우리의 가치는 사라지는 걸까요? 절대 그렇지 않습니다. 우리는 존재 자체만으로도 가치가 있으니까요.

"나무는 열매를 맺지 않아도 나무입니다."

강연가 김창옥이 한 말입니다. 그렇습니다. 나무는 그 자체로 존재의 의미를 지닙니다. 반드시 꽃을 피우거나 열매를 맺어야만 존재감이 있는 것이 아닙니다. 마찬가지로 인간도 업적이나 성과가 있어야만 가치가 있는 것이 아닙니다. 존재하는 것 자체로 이미 충분한 가치와 의미가 있습니다.

문제는 사회가 이 당연한 사실을 망각하도록 만든다는 점이에요. 심리학자 칼 로저스 Carl Rogers는 인간 중심 치료에서 '조건 없는 긍정적 존중 Unconditional positive regard' 개념을 제시했습니다. 부모나 사회로부터 "넌 이런 걸 잘해야 사랑받아.", "이런 걸 해내야 인정받아."라는 메시지를 반복적으로 들으면, 우리는 자신의 존재 가치를 외부 기준에 의해 결정하게 됩니다. 로저스는 이러한 조건부 사랑이 아니라, 그냥 존재하는 것만으로도 충분히 존중받아야 한다고 말했어요.

하지만 현실은 다릅니다. 우리는 무언가를 증명해야만 가치가 있다고 느껴요. 좋은 성적을 받아야 인정받고, 높은 연봉을 받아야 존경받으며, 성공적인 결과를 만들어야 대우받는다고 생각하죠. 그래서 '내가 잘하고 있나?', '나는 쓸모 있나?'를 끊임없이 자문합니다. 이런 사고방식에는 치명적인 문제가 있습니다. 외부 평가에 따라 나의 가치가 결정된다는 거죠.

심리학자 에드워드 데시Edward L. Deci와 리처드 라이언Richard M. Ryan은 '자기 결정성 이론Self-Determination Theory'에서 인간이 진정으로 행복하려면 자율성, 유능감, 관계성이 충족되어야 한다고 말했어요. 이 중에서도 핵심은 자율성입니다. 외부 평가에 의존하는 삶은 자율성을 빼앗긴 삶이에요. 자율성을 잃으면, 결국 '나는 남들에게 유용할 때만 의미 있는 존재야'라는 왜곡된 신념을 품게 됩니다.

이러한 신념은 결국 인정 중독을 낳습니다. 사람은 인정과 칭찬을 받고자 하는 본능적인 욕구가 있어요. 미국 기업가 메리 케이 애시Mary Kay Ash는 "사람들이 사랑과 돈보다 더 원하는 건 인정과 칭찬이다."라고 말했습니다. 문제는 이것이 과도해질 때입니다. 남에게 인정받아야만 가치 있다고 느끼는 순간, 삶은 피곤해져요. 칭찬받지 못하면 불안하고, 인정받지 못하면 무기력해지죠. 하지만 외부의 평가에 따라 내 가치가 달라지는 게 아닙니다. 칭찬이 많다고 가치가 올라가는 것도 아니고, 비난받았다고 가치가 내려가는 것도 아니에요.

그렇다면, 존재만으로 가치 있다는 사실을 어떻게 받아들일 수 있을까요? 심리학자 윌리엄 제임스William James는 자존감을 다음과 같은 공식으로 설명했어요.

자존감(Self-esteem) = 성취 수준(Performance) ÷ 기대(Ambition)

= 성공(Success) ÷ 포부(Pretensions)

이 관점에 따르면 자존감을 높이는 방법은 두 가지입니다. 하나는 성취도를 높이는 거고, 다른 하나는 기대치를 낮추는 거죠. 여기서 중요한 건 성취를 늘리는 것보다, 나의 기대치가 과도하게 외부에 맞춰져 있는지를 점검하는 거예요.

자존감은 자기효능감(나는 실력 있는 사람이야), 자기가치감(나는 괜찮은 사람이야), 자기조절감(나는 내 삶을 스스로 조절할 수 있어)으로 이루어집니다. 여기서 자기효능감은 노력을 통해 쌓을 수 있지만, 자기가치감은 내가 어떤 성취를 이루든 변하지 않는 것이죠.

자존감 = 자기효능감 + 자기가치감 + 자기조절감

물론, 사람은 사회적 동물이기에 외부 평가에서 완전히 자유로울 수 없습니다. 누군가에게 인정받을 때 더 큰 보람을 느끼고, 내가 타인에게 도움이 된다고 생각할 때 존재감을 느끼죠. 중요한 건 이것이 전부가 되어서는 안 된다는 것입니다. 내 가치를 외부에만 두면, 결국 인정받지 못할 때마다 스스로를 쓸모없는 존재로 여기게 됩니다.

남들이 섣불리 우리의 가치를 판단할 수 없어요. "관 뚜껑을

닫기 전에는 모른다蓋棺事定, 개관사정."라는 고사성어가 있듯이, 한 사람의 삶과 가치는 긴 시간을 두고 보아야 알 수 있습니다. 지금 당장 남이 내 가치를 평가하는 것에 큰 의미를 두지 마세요. 내 삶은 아직 진행 중이며, 어디로 흘러갈지 알 수 없기 때문입니다.

구겨지고 찢겨도 가치는 변하지 않는다

나는 어떤 일에 실패할 수도 있고, 직장을 잃을 수도 있으며, 내가 원하지 않는 결과를 얻을 수도 있습니다. 그렇다고 해서 내가 가치 없는 존재가 되는 건 아니에요. 성공한 순간에도 나는 가치가 있고, 실패한 순간에도 나는 가치가 있습니다. 만 원짜리 지폐가 구겨진다고 해서 오천 원짜리 지폐가 되나요? 땅에 떨어진다고 천 원짜리 지폐가 되나요? 아니에요. 구겨져도, 찢어질 뻔해도 여전히 만 원은 만 원입니다. 인간도 마찬가지예요. 나는 어떤 일을 잘하든 못하든, 어떤 성과를 내든 내지 않든 여전히 나로서 가치가 있습니다.

우리는 스스로에게 이렇게 말할 수 있어야 합니다.
"나는 내 존재 자체로 가치가 있다."
"나는 나의 성과와 동일하지 않다."
"나는 지금 이 순간, 그 자체로 충분하다."

사회는 끊임없이 우리에게 "증명하라."라고 말합니다. 하지만 그 요구에 휘둘릴 필요는 없어요. 나는 이미 존재만으로도 충분히 가치 있으니까요. 외부의 기준이 아닌 내 안의 기준으로 나를 평가하고, 스스로를 존중하세요.

나의 존재 가치가 가장 빛날 때는 언제일까요? 나다움으로 나답게 살 때입니다. '실존세'라는 말, 들어보았나요? 내가 나로서 살기 위해 어쩔 수 없이 치르는 세금입니다. 나로서 살아가기 위해 어쩔 수 없이 치러야 하는 불편함과 고통을 의미해요. 마치 세금을 납부하는 것처럼 피할 수 없죠. 우리가 세금을 납부함으로써 사회적 혜택을 받는 것처럼, 실존세를 치름으로써 진정한 자아를 찾고 나로서 살아갈 기회를 얻게 됩니다. 내가 나로서 살아가려면, 나답게 살아가려면 큰 용기도 필요하고 때론 희생과 불편함도 따릅니다. 실존세가 비싼 거죠. 그럼에도 그것을 감수해야 해요. 나답게 살아야 내 존재 가치가 가장 빛나니까요. 기꺼이 실존세를 치르고 나답게 사세요.

항상 높은 자존감을
유지해야 한다

"자존감이란 내 안에 있는 좋은 본질에 집중하는 능력이다."
— 전미경(정신과 전문의) —

자존감이 우리 삶에 중요한 요소임은 분명합니다. 자존감이 높을 때 우리는 자신을 더 믿고, 도전에 대한 용기를 가질 수 있으며, 타인의 평가에 휘둘리지 않고 삶을 주체적으로 살아갈 수 있죠. 그러나 자존감은 항상 일정하게 높을 수 없으며, 꼭 높아야만 하는 것도 아닙니다. 오히려 자존감을 항상 높게 유지해야 한다는 강박감이 더 큰 스트레스를 초래할 수 있어요.

'상태 자존감 State Self-Esteem'이라는 개념이 있습니다. 자존감은 고정된 게 아니라 변한다는 거죠. 실제로 여러 심리학 연구 결과에 따르면, 자존감은 일상에서 겪는 사건이나 감정 상태, 상황적 요인에 따라 변할 수 있으며, 항상 높은 상태로 일정하게 유지되지는 않는다고 합니다.

또한, 자존감이 무조건 높기만 한 것이 항상 긍정적인 것만은 아닐 수 있습니다. 지나치게 높은 자존감은 자기 객관화를 방해하고, 때론 타인의 피드백을 무시하거나 오만한 태도로 이어질 수 있으니까요. 실패를 인정하지 않으려 하거나 자신의 약점을 보완하려는 노력을 등한시하는 경향이 나타날 수도 있죠.

정신건강의학과 전문의 전미경은 "자존감이란 내 안에 있는 좋은 본질에 집중하는 능력"이라고 말했습니다. 또한 "자존감의 기준이 '타인'과 '환경'과 '과거'에 있다면 그것은 가짜 자존감이다."라고 강조했어요. 자존감이 타인의 평가에 따라 흔들려서는 안 되지만, 동시에 나 자신을 비현실적으로 과대평가하는 것 또한 자존감을 건강하게 유지하는 방법이 아닙니다. 남과 끊임없이 비교하며 자신을 평가하거나, 과거의 실패에 집착하면서 자존감을 높이려 한다면 이는 건강한 자존감이 아니에요. 자존감의 기준은 언제나 외부가 아닌 내 안에 있어야 합니다.

아울러 자존감이 너무 높아야 한다는 강박은 오히려 독이 됩니다. 지나치게 높은 자존감을 유지하려 애쓰는 사람들은 타인의 평가에 예민하게 반응하거나, 자존감이 낮아지는 순간을 두려워하죠. 심리학적으로 볼 때 건강한 자존감이란 높은 상태를 유지하는 게 아니라, 낮아지는 순간에도 나 자신을 긍정적으로 바라볼 수 있는 능력을 의미해요.

자존감을 높이려면 나만의 콘텐츠를 갖는 게 중요합니다. 내가 누구인지, 나의 가치는 무엇인지, 나의 재능과 실력, 무기는 무엇인지를 보여 줄 수 있어야 해요. 자기효능감을 높이기 위해 꾸준히 실력을 쌓고, 내가 가진 장점을 계발하며, 좋은 멘토를 찾는 것도 자존감을 높이는 데 효과적입니다. 나 역시 누군가의 멘토가 되어 줄 수 있다면, 그것이야말로 자존감을 건강하게 키우는 방법이죠.

자존감 vs 자신감 vs 자존심

자존감, 자신감, 자존심의 개념을 명확히 하는 것도 중요합니다. 다수가 '자존감'을 '자신감'과 혼동합니다. 자존감은 내가 가진 성취나 능력으로만 이뤄지지 않아요. 내가 어떤 일을 잘하든, 못하든 상관없이 나는 그 자체로 괜찮은 사람이라고 믿는 게 자존감의 핵심입니다.

자존감 Self-esteem : 나 자신을 존중하는 마음

자신감 Self-confidence : 내 능력을 믿고 신뢰하는 것

자존심 Pride : 타인이 나를 존중해 주길 바라는 마음

자존감을 높이기 위해서는 실력을 키우고, 나 자신을 있는 그대로 인정하는 과정이 필요해요. 자존감은 삶이 그렇듯 자연스럽게 변화해요. 때로는 자존감이 낮아지는 순간을 경험할 수도 있지만, 그것 또한 자연스러운 과정입니다.

따라서 자존감이 완벽하게 높은 상태를 유지하려 애쓰는 대신, 현재의 자존감을 자연스럽게 받아들이세요. 내가 좋은 사람이 되려 노력하고, 실력을 쌓아 원하는 걸 성취해 나가면 자연스럽게 자존감은 향상합니다.

내 삶은
늘 행복해야 한다

"사람들은 행복이 미래에 있다고 생각한다."
— 틱낫한 —

우리는 끊임없이 행복을 추구합니다. 마치 행복이 삶의 기본값이고, 행복하지 않은 순간은 이상하거나 비정상적인 것처럼 여기죠. 그런데 과연 행복이 그렇게 절대적인 개념일까요? 우리는 정말 항상 행복해야만 할까요?

소설가 정유정은 이렇게 말합니다.

"요즘 너무 이상하지 않나. 온통 '행복'을 이야기한다. 거의 강박 수준이다. 행복해야 하고, 자존감이 높아야 하고, 자기애가 충만해야만 하고…"

동감합니다. 우리는 어느 순간부터 행복을 필수적인 상태로 여기고 있어요. 마치 항상 행복해야 하는 것처럼, 조금이라도 불행한 감정이 들면 '어, 나 지금 행복하지 않은데? 이거 문제 있는 거 아냐?' 하며 스스로를 다그치죠. 인간은 행복하도록 진화한 존재가 아닙니다. 인간의 뇌는 생존과 번식을 위해 존재해요.

행복이 삶의 목적이 될 때 벌어지는 일

행복이 삶의 목적이 되면 문제가 생깁니다. 반드시 행복해야만 한다고 믿으면, 행복하지 않은 순간은 곧 불행한 순간이 되어 버리거든요. 사실 행복하지 않은 상태는 그냥 행복하지 않은 것일 뿐, 반드시 불행하다고 볼 수는 없습니다. 행복을 기본값으로 설정하면, 삶에서 자연스럽게 경험하는 다양한 감정들이 모두 부정적으로 해석됩니다. 기분이 가라앉은 날도 있고, 지루한 날도 있으며, 때로는 무력감이 들 때도 있어요. 이런 감정이 반드시 나쁜 것만은 아닙니다.

실제로 행복을 지나치게 중시하거나 직접적인 목표로 삼는 것이 오히려 역효과를 낳을 수 있다는 연구 결과들이 있습니다. 예를 들어, 2011년 미국심리학회에서 발간하는 《이모션》 저널에 발표된 연구를 보면, 행복을 매우 중요하게 여기는 사람들이 그렇지 않은 사람들보다 특정 상황에서 긍정적인 감정을 덜 느끼거나 실망감을 더 크게 경험할 수 있음을 알 수 있습니다.[Mauss et al.,]

2011. 행복을 추구하는 과정에서 부정적인 감정을 실패로 인식하고 끊임없는 자기 평가로 스트레스가 증가하기 때문입니다.

왜 이렇게 집요할 정도로 행복에 집착하고 열광하는 걸까요? '인간은 태어났으면 마땅히 행복해야 한다.'라는 명제를 참으로 받아들였기 때문 아닐까요? 아리스토텔레스 Aristotle는 니코마코스 윤리학에서 인간 삶의 궁극적인 목적을 '에우다이모니아 Eudaimonia', 즉 좋은 삶 또는 번영으로 보았습니다. 그런데 이것이 종종 '행복'으로 번역되면서 인간은 행복을 추구해야 하는 존재로 여겨지게 된 영향도 있을 겁니다. 따라서 행복한 상태는 정상, 행복하지 않은 상태는 비정상이 되었습니다.

이대로 가도 괜찮을까요? 인간은 정말 행복하기 위해 태어난 걸까요? 행복을 정의하는 개념은 셀 수 없이 많습니다. 저마다 "행복이란 무엇이다."라고 말하지만 아직 누구도 행복을 정확히, 명료하게 설명하지 못해요. 결국, 각자의 해석에 달려 있다는 뜻입니다.

행복 심리학자인 연세대 서은국 교수는 행복이 존재의 궁극적인 목적이라기보다는, 생존과 번식에 유리하도록 진화 과정에서 설계된 '경험'이라고 말합니다. 저 역시 같은 생각입니다. 인간은 행복하기 위해 사는 게 아닙니다. 행복은 잘 살기 위한 하나의 수단일 뿐이죠.

따라서 행복을 특별한 게 아니라 일상의 일부로 받아들여야 합니다. 배우 조인성이 "행복은 별거 아니야. 아무 일 없는 게 행복한 거야."라고 말했듯이, 행복을 거창하고 유별난 걸로 만들 필요가 없어요. 행복하지 않음도 자연스럽게 받아들여야 합니다. 사람의 감정은 늘 변하니까요. 기쁘다가도 우울할 수 있고, 의욕적이었다가도 무기력해질 수 있습니다. '나는 지금 행복하지 않지만, 괜찮아. 비정상이거나 전혀 이상한 게 아니야'라고 인정하는 게 훨씬 건강한 태도에요.

현재에 집중해야 합니다. 틱낫한 스님은 책 『힘』에서 이렇게 말했어요.

"사람들은 행복이 미래에 있다고 생각한다. 언젠가 '집을 사는 날', '차를 사는 날', '박사학위를 받는 날' 행복해질 거라고 상상한다. 푸른 하늘, 사랑하는 사람의 눈망울이 지금 여기 있는데도 말이다."

사랑하는 사람이 곁에 있고, 그 사람과 함께 밥을 먹을 수 있다면 그게 바로 행복입니다. 자려고 누웠는데 마음에 걸리는 게 없으면 그게 행복이에요. '나는 지금 괜찮은가?'라는 질문이 더 현실적이죠. 행복을 애써 찾으려 하기보다, 지금 내 삶에서 불필요한 불쾌 요소를 줄이는 게 더 효과적입니다.

행복한 삶을 원한다면 '3감'을 자주 느끼세요. 감동, 감사, 감탄입니다. 행복한 사람들은 모두 사소한 일에도 감동하고, 일상에서 감사할 것을 찾으며, 작은 것에도 감탄하는 능력이 뛰어납니다.

삶의 의미와 목적을 설정하세요. 의미 있는 일을 하고, 사랑하는 사람과 함께하며, 내일을 기대하는 삶이 중요해요.

삶은 고통의 연속이고 고통 없는 순간이 곧 행복입니다. 행복을 위해 고통을 줄이는 데 초점을 맞추는 게 현명하죠. 그래서 제가 내리는 행복의 정의는 '무탈'입니다.

여러분도 자신만의 행복을 정의해 보세요. 다만 뭐라고 정의하든, 행복에 집착하지는 마세요. 그래야 행복에서 멀어지지 않고 가까이 지낼 수 있으니까요.

스트레스는
삶에 해로울 뿐이다

"시간적 여유를 두고 찾아오는 간헐적 스트레스는
우리를 오히려 건강하게 만든다."

― 테오 컴퍼놀 ―

우리는 흔히 스트레스를 피해야 할 것, 줄여야 할 것, 가능하면 없애야 할 것으로 여깁니다. 하지만 스트레스가 단순히 해롭기만 하다면, 인간의 몸과 마음이 스트레스 반응을 진화 과정에서 보존해 왔을 리 없죠. 스트레스는 원래 생존을 위한 필수적인 반응이었고, 적절하게 활용하면 삶을 더 나아지게 만드는 중요한 요소가 될 수 있습니다.

심리학자 켈리 맥고니걸Kelly McGonigal은 "스트레스를 해로운 것으로 인식하는 것이 진짜 문제다."라고 말합니다. 그는 TED 강연과 『스트레스의 힘』에서 흥미로운 연구 결과를 소개했어요.

미국에서 약 3만 명을 대상으로 8년간 추적한 연구에서, 높은 스트레스를 경험한 사람 중 '스트레스가 건강에 해롭다'라고 믿었던 사람들은 사망 위험이 유의미하게 증가한 반면, 높은 스트레스를 경험했더라도 건강에 해롭다고 믿지 않았던 사람들은 사망 위험이 증가하지 않았습니다.Keller et al., 2012. 즉, 스트레스 자체보다 '스트레스를 어떻게 인식하는가'가 건강에 중요한 영향을 끼쳤다고 할 수 있지요.

스트레스는 신체가 위협이나 도전을 감지했을 때 반응하는 생리적 시스템입니다. 스트레스 호르몬인 코르티솔과 아드레날린이 분비되면서 심박수가 올라가고, 집중력이 높아지며, 문제를 해결하려는 동기가 강해지죠. 예컨대 중요한 시험을 앞두고 느끼는 적절한 긴장감은 공부하는 데 집중하도록 도와줍니다. 운동선수가 경기를 앞두고 느끼는 적당한 스트레스는 최고의 컨디션을 발휘하는 데에 도움이 되죠. 이러한 반응이 없다면 우리는 위기의 순간에 적절한 행동을 취하지 못하고 무기력해질 겁니다.

지금 스트레스를 받고 있는가

정신과 의사인 테오 컴퍼놀Theo Compernolle은 『너무 재밌어서 잠 못 드는 뇌과학』에서 이렇게 말합니다.

"병이 생기는 이유는 스트레스가 심하기 때문이 아니라 스트레스를 받은 뒤 회복 시간이 충분치 않기 때문이다. 시간적 여유를 두고 찾아오는 간헐적 스트레스는 우리를 오히려 건강하게 만든다. 위험은 항상 사전에 정신적 신체적 신호를 보내는데, 바로 스트레스 균형을 어서 찾으라는 뜻이다."

유스트레스 Eustress 라는 개념이 있어요. 이는 긍정적인 스트레스를 뜻하는 용어로, 도전적인 상황에서 동기를 부여하고 성취감을 높이는 역할을 합니다. 1908년 심리학자 여키스와 도드슨은 동물의 학습 실험을 통해 각성 수준과 수행 능력 간의 관계를 연구했는데, 여기서 파생된 '여키스-도드슨 법칙 Yerkes-Dodson Law'은 너무 낮거나 너무 높은 각성(스트레스)보다는 적절한 수준의 각성이 최적의 성과를 끌어낸다는 것을 보여 줍니다. 너무 낮은 수준의 스트레스는 무기력함을 초래하고 너무 높은 수준의 스트레스는 부담감을 가져오지만, 적절한 수준의 스트레스는 집중력과 생산성을 높여 주죠.

문제는 과도한 스트레스에요. 스트레스가 만성화되거나 지속해서 높은 강도로 유지될 때, 신체와 정신에 부정적인 영향을 미칩니다. 미국심리학회 등 많은 기관은 연구 결과를 토대로 만성적인 스트레스가 면역 체계를 약화시키고, 심혈관 질환의 위험을 높이며, 우울증과 불안 장애 등 정신 건강 문제의 위험 요인이 될 수 있다고 경고합니다. 특히 현대 사회에서는 물리적 생존의 위협보다는 직장, 인간관계, 재정 문제 등 장기적인 스트레스 요인이 많아, 이로 인한 부정적 영향이 더욱 커지고 있습니다.

효과적인 스트레스 관리법

그렇다면 우리는 스트레스를 어떻게 관리해야 할까요? 하나, 스트레스를 적절한 도전으로 받아들이는 태도가 중요합니다. 실제로 스트레스에 대한 인식을 바꾸는 것(예: 스트레스 반응을 도전 상황에 대처하기 위한 신체의 자연스러운 준비 과정으로 재해석)이 스트레스 대처 능력과 성과에 긍정적인 영향을 미칠 수 있다는 연구 결과들이 있습니다. 스트레스를 '해야 할 일을 앞두고 느끼는 자연스러운 반응'으로 바라보면, 같은 스트레스도 덜 해롭게 작용합니다.

둘, 스트레스를 긍정적인 에너지로 전환하는 방법을 찾아야 해요. 예컨대 운동은 스트레스를 줄이는 데 탁월한 효과가 있습니다. 운동을 하면 신체가 엔도르핀을 분비해 스트레스 호르몬을 낮추고 불안감을 줄여 주죠. 적절한 휴식과 취미 생활도 스트레스를 건강하게 해소하는 데 도움을 줍니다.

셋, 사회적 지지를 활용하는 것이 중요해요. '하버드 성인 발달 연구Harvard Study of Adult Development' 등 많은 연구에서 사회적 유대감이 강한 사람들이 스트레스에 더 잘 대처하고 신체적, 정신적으로 더 건강하다는 결과를 보여 주었습니다. 스트레스를 받을 때 혼자 감당하려 하기보다는 주변 사람들과 이야기하며 감정을 공유하는 것이 큰 도움이 돼요.

넷, 스트레스를 무조건 없애려고 하지 말고, 조절하는 게 필요합니다. 스트레스는 원래 우리 몸이 가진 보호 기제에요. 스트레스를 완전히 없애려는 시도는 오히려 삶을 더 무기력하게 만들 수도 있습니다. 중요한 건 스트레스 수준을 적절히 유지하고, 필요할 때 해소하는 능력이에요.

스트레스는 단순히 나쁜 게 아닙니다. 삶에서 성장과 도전을 가능하게 하는 필수 요소이기도 하죠. 다만, 어떻게 관리하느냐가 관건입니다. 적절한 스트레스를 활용하고, 과도한 스트레스를 조절하는 법을 배우는 것이야말로 건강한 삶을 위한 핵심이에요. 스트레스를 무조건 피하려 하지 말고, 이를 삶을 더 나아지게 만드는 동력으로 활용하는 방법을 찾아보세요.

고독은
고립이나 마찬가지다

"외로움이란 혼자 있는 고통을, 고독이란
혼자 있는 즐거움을 표현하기 위한 말이다."
— 폴 틸리히 —

많은 사람이 고독을 외로움과 동일시하며 피해야 할 감정으로 여깁니다. 그런데 고독과 외로움은 엄연히 달라요. 외로움은 원치 않은 고립 상태에서 비롯되며, 소속되지 못했다는 상실감에서 오는 감정입니다. 반면, 고독은 선택의 문제죠. 스스로 혼자 있는 시간을 갖고, 내면을 들여다보며 성장할 기회입니다.

인간관계가 우리를 더 행복하게 만들까?

파스칼Blaise Pascal은 저서 『팡세』에서 "인간의 모든 불행은 단 한

가지, 고요히 자신의 방에 머물지 못하는 데서 비롯된다."라고 성찰했습니다. 그는 인간이 외부 자극 없이 스스로와 마주하는 걸 어려워한다고 봤죠. 깊은 사유와 내적 성찰은 혼자 있는 시간에서 비롯됩니다. 몽테뉴 Michel Eyquem de Montaigne 역시 저서 『에세』에서 자기 자신과 온전히 마주하고 내면을 탐구하는 고독의 중요성을 강조했습니다. 고독은 단순한 고립이 아니라, 자기 자신과 대화하는 시공간입니다.

현대 사회에서는 특히 고독을 부정적으로 보는 경향이 있어요. 끊임없이 연결되고, 사람들과 소통해야 한다는 압박을 받죠. SNS, 메신저, 이메일 등으로 언제 어디서나 타인과 접촉할 수 있는 시대입니다. 그래서 우리가 더 행복해졌을까요? 하버드 의과대학의 성인 발달 연구와 같은 장기간의 연구들은 관계의 '양'보다는 '질'이 행복과 건강에 중요한 영향을 끼친다는 사실을 시사합니다.

또 《소셜 앤 퍼스널 릴레이션십 Journal of Social and Personal Relationships》과 같은 학술지의 연구들은 디지털 연결성이 반드시 외로움을 줄여 주는 것은 아니며, 때로는 피상적인 관계 속에서 외로움이 증폭될 수도 있음을 보여 줍니다. 수많은 관계가 곧 내면의 충만함을 보장하는 건 아니라는 뜻이죠. 오히려 혼자 있는 시간을 잘 활용하여 내면을 돌보는 사람이 더 정서적 안정감을 느끼며, 관계의 질도 높아진다는 연구 결과들도 있습니다.

고독의 가치는 창의성과도 연결됩니다. 미국의 시인이자 작가인 마야 안젤루Maya Angelou는 고독 속에서 깊은 영감을 얻어 작품을 창작했다고 해요. 그는 매일 아침 호텔 방에서 홀로 글을 쓰며 내면의 목소리를 탐구했고, 이러한 고독의 시간이 걸작을 탄생시켰죠. 미국의 《창의력 연구 저널 Creativity Research Journal》이나 《창의적 행동 저널 Journal of Creative Behavior》에 실린 연구들은 고독이 창의적 사고 과정(예: 아이디어 발상, 문제 해결을 위한 숙고)에 긍정적인 역할을 할 수 있음을 시사합니다. 방해받지 않는 혼자만의 시간이 깊이 있는 사고와 새로운 연결을 가능하게 하기 때문이죠.

고독은 자기 성찰과 내적 성장의 기회가 됩니다. 우리는 살아가면서 수많은 고민과 마주합니다. 그런데 삶의 방향, 인간관계, 가치관 등에 대한 고민은 시끄러운 환경 속에서 해결되지 않아요. 나 자신을 온전히 이해하려면 고독이 필요합니다. 누구의 목소리도 아닌, 내 내면의 목소리에 귀 기울일 시간이 필요하지요.

하지만 많은 사람이 혼자 있는 것을 두려워합니다. 혼자 있는 시간이 길어질수록 불안과 두려움을 느끼는 경우가 많죠. 이것은 고독 자체의 문제라기보다는, 그것이 자발적인 선택이 아닌 고립이거나, 우리가 고독을 건강하게 다루는 방법을 배우지 못했기 때문일 수 있습니다.

고독을 활용하는 법

그렇다면 우리는 어떻게 하면 고독을 긍정적인 방향으로 활용할 수 있을까요? 먼저, 고독을 외로움과 분리해서 생각하는 게 중요해요. 외로움은 결핍의 감정이지만, 고독은 충만함을 위한 자발적 선택이자 과정입니다. 심리학자들은 혼자 있는 시간을 의식적으로 활용하여 감정을 조절하고 회복하는 것의 중요성을 강조합니다. 하루에 10분이라도 의식적으로 스마트폰을 끄고, 조용한 공간에서 스스로를 돌아보는 시간이 필요합니다.

고독의 시간을 즐기는 법을 배우는 것도 중요합니다. 음악을 듣거나, 산책하거나, 차 한 잔을 마시며 사색하는 것. 단순하지만 이런 순간들이 우리의 내면을 더 깊이 있게 만들어 줍니다. 고독 속에서 자기 자신과 친해지는 것이야말로, 타인과 건강한 관계를 맺는 첫걸음입니다.

고독은 부정적인 것이 아닙니다. 오히려 삶을 더 풍요롭게 만들어 주죠. 혼자 있는 시간을 피하는 대신, 그것을 기회로 삼아보세요. 깊이 있는 삶은 고독을 기꺼이 받아들이는 태도에서 시작됩니다.

부정적 감정은
억누르고 감춰야 한다

"그런데 세상에 '나쁜 감정'이라는 게 있을까?"
— 김혜남 —

우리는 보통 슬픔, 분노, 불안, 두려움 같은 감정을 부정적인 것으로 간주하며, 최대한 드러내지 않고 숨겨야 한다고 배워 왔습니다. 정말 그래야 할까요? 과연 부정적인 감정을 억누르면 더 나은 삶을 살 수 있을까요?

정신분석 전문의 김혜남은 『만일 내가 인생을 다시 산다면』에서 이렇게 말합니다.

"그런데 세상에 '나쁜 감정'이라는 게 있을까? 모든 감정은 정상적이다. 단지 도가 지나친 극단적인 감정이 문제가 될 뿐이다. 억압된 감정은 중화되거나 승화되지 못하고 곪게 된다. 그러므로 어떤 감정이든 생기면 그 감정을 차분히 들여다볼 수 있어야 한다."

감정은 우리 몸이 보내는 일종의 신호에요. 불안은 위험을 경고하고, 분노는 부당함을 알리죠. 슬픔은 상처를 보듬을 시간을 주고, 두려움은 신중한 결정을 하도록 돕습니다. 심리학에서도 모든 감정에는 기능이 있다고 말해요. 감정을 억누르는 게 아니라, 있는 그대로 받아들이고 알아차리는 게 건강한 방식입니다.

애니메이션 영화 〈인사이드 아웃〉은 감정의 중요성을 잘 보여줘요. 주인공 라일리는 행복한 삶을 살기 위해 '슬픔'을 무조건 배제하려 합니다. 하지만 결국 그녀가 성장하는 과정에서 슬픔의 역할이 얼마나 중요한지 깨닫게 되죠. 슬픔은 단순히 부정적인 게 아니라, 공감을 유도하고 치유를 돕는 감정이었어요. 영화는 우리에게 모든 감정이 소중하며, 특정 감정을 억누르는 게 오히려 더 큰 문제를 초래할 수 있음을 일깨워 줍니다.

부정적인 감정도 결국 내 일부다

심리학 연구들에 따르면, 감정을 습관적으로 억누르다 보면 우울증 및 불안 증상으로 이어질 수 있습니다. 억압된 감정은 사라지는 게 아니라, 무의식 속에 켜켜이 쌓여 결국 다양한 방식으로 터져 나옵니다. 하버드대학의 대니얼 웨그너[Daniel M. Wegner] 교수는 이를 '사고 억제의 역설적 효과[Ironic effects of thought suppression]'라고 명명하며, 특정 생각이나 감정을 억누르려고 할수록 오히려 더 자주 떠오를 수 있다고 했습니다.

감정은 마치 여인숙에 온 손님과 같아요. 페르시아 시인 잘랄 레딘 모하마드 루미Muhammed Celâleddîn-i Rumi는 '여인숙'이란 시에서 이렇게 말했습니다.

"기쁨과 슬픔, 우울함과 분노가 문 앞에 나타난다 해도, 모두 환영하라. 그들은 너를 새로운 깨달음으로 이끌기 위해 온 손님일지도 모른다."

감정과 신체의 관계를 이해하는 것도 중요해요. 19세기 심리학자 윌리엄 제임스와 칼 랑게가 제안한 '제임스-랑게 이론James-Lange theory'에 따르면, 감정은 신체적 변화에 대한 인식에서 비롯됩니다. 예컨대 심장이 빨리 뛰고 근육이 긴장하는 것을 뇌가 인지하면 이를 두려움이나 분노로 해석한다는 거죠. 이는 감정이 단순히 마음의 문제가 아니라 몸과 밀접하게 연결되어 있음을 보여 줍니다.

내면소통과 마음근력을 주제로 강연을 펼치는 김주환 교수도 감정과 몸, 생각의 관계를 이렇게 설명합니다.

"몸이 뇌로 신호를 올려보내고, 뇌가 그것을 감정으로 인식한다. 편도체 활성화로 인해 승모근이 올라가고 심장이 불규칙하게 뛰는 등 몸의 변화로 두려움, 분노, 짜증의 감정이 올라오니까 부정적인 생각이 드는 거다. 생각으로 생각이 바뀌지 않는다. 생각은 감정에 영향을 받는다. 감정을 바꿔야 생각이 바뀐다. 감정을 바꾸려면 몸을 바꿔야 한다. 몸을 움직여야 한다. 감정은 몸의 문제다."

즉, 감정은 우리가 머릿속에서 만들어 내는 게 아니라, 몸에서 시작됩니다. 따라서 통제하기 어려운 감정에 휩싸일 때는 억지로 생각을 떨쳐내려 하기보다, 몸을 움직이는 게 더 효과적이죠.

그렇다면 우리는 감정을 어떻게 다뤄야 할까요? 하나, 감정을 '좋고 나쁜 것'으로 나누지 마세요. 불안, 두려움, 슬픔 등 모든 감정은 그 자체로 존재의 의미가 있어요.

둘, 감정을 억누르는 대신 인정하고 표현하세요. 감정 일기를 쓰거나, 신뢰할 수 있는 사람과 대화하는 것도 좋은 방법입니다.

셋, 감정이 나를 휘두르지 않도록, 감정을 객관적으로 바라보는 연습을 하세요. 명상이나 심호흡 같은 방법이 도움이 됩니다. '내가 현재 이러이러한 감정 상태구나' 하고 알아차리는 것만으로도 큰 도움이 됩니다.

넷, 몸을 움직이세요. 몸에 집중하세요. 산책, 달리기, 스트레칭, 수영 다 좋습니다. 생각을 바꾸려 애쓰기보다 몸을 움직이는 게 감정을 다스리는 더 과학적인 방법입니다.

감정은 나의 일부입니다. 따라서 감정을 억누르기보다 그 감정이 왜 나타났는지 들여다보고, 그것이 전하는 메시지를 이해하도록 노력하세요. 무엇보다, 감정을 다스리고 싶다면 몸을 움직이세요. Move, Move!

'나는 특별한 존재다'라고 생각하며 사는 게 좋다

"사람을 치유하는 가장 큰 힘은 특별하다는 느낌이 아니라,
자신이 있는 그대로 존중받고 있다는 느낌이다."

— 정혜신 —

많은 사람이 스스로를 특별하다고 믿고 싶어 합니다. 특히 부모는 아이에게 "넌 특별한 아이야.", "너는 남들과는 달라."라고 자주 말하곤 하죠. 보통 아이의 자존감을 높여 주기 위해 이런 말을 하는데, 오히려 역효과를 유발할 수 있다는 사실을 유념해야 해요.

네덜란드 암스테르담대학교의 심리학자 에디 브룸멜먼Eddie Brummelman과 동료들이 2015년 《실험 사회심리학 저널Journal of Experimental Social Psychology》에 발표한 연구에 따르면, 어릴 때부터 부모에게 "너 정말 대단해!" 또는 "너는 특별해!"와 같은 과한 칭찬을 자주 들은 아이들은 높은 기대감을 가지게 되어 실패에 대한 두려움도 커질 수 있다고 합니다. 이 연구에서 과한 칭찬을 받은 아이들(특히 자존감이 낮은 아이들)은 어려운 과제를 피하려는 경향을 보였고, 실패했을 때 더 큰 좌절감을 경험했어요. 반면, 적절하고 현실적인 칭찬을 받은 아이들은 도전에 더 적극적으로 임하며 실패를 성장의 기회로 받아들였죠. 이는 어릴 때부터 과도하게 '특별하다'는 기대를 받는 게 아이들의 자아 인식과 도전 의식에 부정적 영향을 미칠 수 있음을 보여 줍니다.

'특별함'과 '소중함'의 차이

샌디에이고주립대학교의 심리학자 진 M. 트웬지[Jean M. Twenge] 등은 '자기애[Narcissism] 연구'를 통해, 현대 사회에서 과도한 칭찬과 특별함에 대한 강조가 오히려 자기중심성과 불안정한 자존감으로 이어질 수 있음을 지적합니다. 부모가 아이들에게 "너는 특별해서 항상 최고가 되어야 한다."라는 식으로 과도한 기대를 할 경우, 아이들은 높은 성취 압박을 느끼고 실패에 대해 과민하게 반응하는 경향을 보일 수 있어요. 이러한 환경에서 자란 아이들은 실패를 경험했을 때 '내가 특별하지 않다'라는 생각에 빠져 자존감이 낮아지고, 스트레스와 불안 수준이 높아질 수 있죠. 반면, 부모가 현실적이고 균형 잡힌 기대를 전달한 아이들은 실패를 더 잘 받아들이고, 도전에 대한 긍정적인 태도를 유지했어요.

이 연구는 특별함에 대한 과도한 기대가 아이들에게 심리적 부담으로 작용할 수 있음을 보여 줍니다.

여기서 중요한 건, '특별함'과 '소중함'의 차이예요. 특별함이란 늘 남과의 비교에서 출발합니다. 내가 다른 사람과 얼마나 차별화되는가에 초점이 맞춰져 있죠. 소중함은 그렇지 않습니다. 나는 그 자체로 귀하고 존중받아 마땅한 존재라는 걸 말해요. 비교를 전제로 하지 않습니다. 나도 소중하고, 너도 소중하니까요. 평범함 속에서도 얼마든지 나만의 고유한 가치를 찾을 수 있습니다.

정신과 의사이자 작가인 정혜신 박사는 이렇게 말합니다.

"사람을 치유하는 가장 큰 힘은 특별하다는 느낌이 아니라, 자신이 있는 그대로 존중받고 있다는 느낌이다."

자기애 성향에 관한 연구들에 따르면, 자신을 지나치게 특별하다고 믿는 자기애적 성향이 강한 사람들은 자기중심적인 태도로 인해 타인과의 관계에서 어려움을 겪는 경향이 있다고 합니다. 특별함을 강조하는 삶보다는 소중함을 느끼고 타인과 조화롭게 살아가는 삶이 더 건강하고 행복한 삶으로 이어집니다.

'난 특별해야 해'라는 생각을 내려놓으세요. 대신, '나는 소중해'라는 생각을 품으세요. 부모라면 아이에게도 이렇게 말해 주세요. 특별하지 않아도 괜찮다고, 평범해도 충분히 사랑스럽다고. 그때 비로소 우리는 남과 비교하지 않고도 진정한 나로 살아갈 수 있습니다.

자신감에는
외부의 인정이 절대적이다

"얼마나 나아지고 실력을 키울 것인지는
각자에게 달려 있다."

― 안데르스 에릭슨 ―

주변 사람들의 인정과 칭찬은 강력한 힘을 가집니다. 『칭찬은 고래도 춤추게 한다』라는 유명한 책의 제목처럼, 칭찬과 인정이 사람의 자신감을 고취하고 동기 부여에 큰 역할을 한다는 건 과학적으로도 입증된 사실이죠. 하버드대 출신의 긍정 심리학자 숀 아처 Shawn Achor 는 『행복의 특권』에서 지속적이고 진정성 있는 칭찬이 업무 성과와 자기효능감을 높이며, 조직 내 행복도를 증가시킨다고 밝혔습니다. 그는 긍정적 피드백이 직원들의 생산성과 행복감을 동시에 향상시킨다는 점을 다양한 실험을 통해 입증했어요.

사람들은 누구나 인정 욕구를 가지고 있어요. 인정 욕구는 인간의 본성에 깊이 뿌리박힌 자연스러운 감정이며, 우리의 성장을 이끄는 강력한 연료가 되기도 합니다. 인정 욕구가 인간의 본성이라는 점은 심리학 연구를 통해서도 명확히 드러납니다. 미국의 심리학자 에이브러햄 매슬로[Abraham H. Maslow]는 인간의 욕구를 5단계로 나누어 설명했습니다. 이 중 네 번째 단계가 '존중 욕구[Esteem needs]'입니다. 타인의 인정과 존경, 그리고 스스로의 성취와 능력을 통해 자존감을 형성하는 단계로, 인정 욕구가 인간의 기본적인 욕구 중 하나임을 보여 주죠. 인정 욕구는 우리가 사회적 동물로서 살아가기 위해 필연적으로 느끼는 감정입니다.

인정 욕구가 성장의 연료가 될 수 있다는 점은 실제 사례를 통해서도 확인할 수 있습니다. 예를 들어, 연구에 따르면 웨스트포인트 사관학교와 같이 매우 힘든 환경에서 동료와 교관의 지지와 인정은 생도들의 끈기와 성과를 높이는 데 중요한 역할을 할 수 있습니다. 또한, 2020년 국제 학술지 《프론티어즈 인 사이콜로지[Frontiers in Psychology]》에 발표된 메타 분석 연구에 따르면, 교육 환경에서의 피드백은 학생들의 학업 성취도 향상에 긍정적인 효과를 미치는 것으로 나타났습니다[Wisniewski et al., 2020]. 이는 피드백이 학습 동기를 강화하고 더 나은 성과로 이어질 수 있음을 시사해요. 이러한 점들은 인정받고자 하는 욕구가 단순히 허영심이 아니라, 더 나은 자신으로 성장하려는 동력으로 작용할 수 있음을 보여 줍니다.

인정 욕구는 우리가 더 나은 방향으로 나아가도록 이끄는 나침반이 되기도 합니다. 타인으로부터 긍정적인 피드백을 받는 것은 자기효능감을 높이고 새로운 도전에 더 적극적으로 임하게 만드는 경향이 있습니다. 예를 들어, 과제를 성공적으로 수행한 후 칭찬을 받은 사람들은 그렇지 않은 사람들에 비해 다음 과제에서 더 높은 성과를 보이거나 어려움을 극복하려는 의지가 더 강해질 수 있습니다. 이는 인정받고자 하는 욕구가 우리를 더 열심히 노력하게 만들고, 그 과정에서 실질적인 성장을 이끌어 낸다는 사실을 보여 줍니다.

인정 욕구가 강할 때 일어나는 일

하지만 인정 욕구가 지나치게 강해지면 문제가 될 수 있다는 점도 간과해서는 안 됩니다. 심리학자 마크 리어리Mark Leary는 2005년 《성격 및 사회심리학 리뷰Personality and Social Psychology Review》에 실린 논문에서 '소시오미터 이론Sociometer theory'을 통해, 타인의 인정에 대한 갈망이 과도할 경우 이것이 '사회적 불안'과 '자존감 저하'를 유발할 수 있다고 설명했습니다. 인정 욕구가 과도해지면 '인정 중독'이라는 함정에 빠질 수 있으니 조심해야 해요.

실제로, 여러 연구에 따르면 소셜미디어에서 '좋아요'나 댓글과 같은 외부적 인정에 지나치게 집착하는 경향이 있는 사람들이 그렇지 않은 사람들에 비해 우울감이나 불안감을 더 많이 경험할 수 있다는 결과가 있습니다. 이는 인정 욕구가 중독 수준으로 이어질 경우, 우리의 정신 건강을 해칠 수 있음을 보여 줍니다.

저도 한때 소셜미디어에서 받은 반응에 지나치게 신경 쓴 적이 있어요. 하루에도 몇 번씩 게시물의 조회 수를 확인하며, 숫자가 낮으면 기분이 처지곤 했죠. 하지만 결국 깨달았습니다. 타인의 인정은 성장의 연료가 될 수 있지만, 그것이 전부가 되어서는 안 된다는 것을요.

그렇다면 인정 욕구를 어떻게 다루어야 할까요? 역시나 중요한 건 균형입니다. 인정 욕구를 완전히 억누를 필요는 없어요. 이것은 우리의 본성이며, 성장을 위한 동기도 되니까요. 하지만 지나치게 집착하지 않고, 스스로를 인정하는 법도 함께 배워야 합니다. 예컨대 실수를 했을 때 '나는 부족한 사람이야'라고 자책하기보다는 '이번엔 잘 안됐지만, 다음엔 더 잘할 수 있어'라고 스스로를 다독이는 거죠. 저도 이 방법을 실천하며 많은 변화를 느꼈습니다. 타인의 인정은 큰 힘이 되지만, 결국 나를 가장 잘 이해하고 지지할 수 있는 사람은 나 자신임을 잊지 말아야 해요.

자신감을 결정짓는 네 가지 요소

외부의 인정이 자신감의 유일한 원천은 아닙니다. 오히려 자신감의 진짜 힘은 내면에서부터 시작되죠. 자신감의 출처는 크게 네 가지로 나눌 수 있습니다. 하나, 요즘 말로 '근자감(근거 없는 자신감)'입니다. 농담처럼 쓰이지만, 근거 없는 자신감은 때로 놀라운 힘을 발휘해요. 심리학자 윌리엄 제임스는 믿음과 행동의 상호작용을 강조하며, 자신감이 있는 척 행동하면 실제로도 자신감이 생길 수 있다고 봤습니다. 이는 일종의 자기 암시, 즉 마인드 컨트롤의 형태로, 스스로를 믿고 행동하면 원하는 결과를 얻을 확률이 높아진다는 거죠. 이러한 현상은 자기충족적 예언 Self-fulfilling prophecy과 연결됩니다. 내가 나를 믿어 줄 때, 실제로 능력이 향상되는 경우가 많아요.

둘, 철저한 준비에서 오는 자신감입니다. TED 큐레이터 크리스 앤더슨Chris Anderson은 그의 저서 『테드 토크』에서 성공적인 강연의 핵심으로 철저한 준비를 최우선으로 꼽았어요. 그는 뛰어난 강연자들은 무대에 오르기 전 수없이 연습하고 준비하며, 준비가 완벽할수록 자신감이 자연스럽게 따라온다고 설명했죠. 철저한 준비는 불안을 줄이고 마음을 평온하게 하며, 내가 얼마나 준비했느냐가 자신감을 결정짓는 가장 확실한 요소가 됩니다.

셋, 경험과 실력에서 비롯되는 자신감입니다. 플로리다주립대학교의 심리학자 안데르스 에릭슨^{Anders Ericsson}은 『1만 시간의 재발견』에서 '의도적 연습^{Deliberate practice}' 이론을 통해 실력과 전문성이 꾸준한 경험과 연습에서 비롯된다고 강조합니다. 그는 음악가, 운동선수, 체스 선수 등 다양한 분야의 전문가들을 연구하며, 단순한 반복이 아닌 목표 지향적이고 피드백을 반영한 체계적인 연습이 실력을 향상시키고, 이는 자연스럽게 자신감을 강화한다고 설명했죠. 경험과 실력은 외부의 평가와 상관없이 자신을 믿고 행동할 힘이 됩니다.

넷, 외부의 인정과 칭찬으로 비롯되는 자신감입니다. 조직 행동 및 긍정 심리학 연구들에 따르면, 긍정적 피드백과 칭찬이 직원의 동기와 자신감을 높이는 데 큰 영향을 미친다고 해요. 칭찬은 마음을 움직이고 감정을 고양하며, 더 잘하고 싶은 열망을 심어 주죠.

이처럼 자신감은 단순히 타인의 인정에만 의존하지 않습니다. 자신감은 스스로를 믿는 힘이자, 준비와 노력의 결실이며, 경험과 실력에서 비롯되는 강력한 힘이에요. 때로는 아무런 근거 없는 자신감마저 인생의 추진력이 되죠. 외부의 인정도 중요하지만, 나 자신을 인정하고 지지하는 것도 필요해요. 내 안과 밖이 조화와 균형을 이룰 때 더욱 건강하고 지속 가능한 자신감이 형성됩니다.

2장

관계의 고정관념을 리셋하다

건강한 거리, 성숙한 연결

AI가 삶 여기저기에 스며들었습니다. 하지만 우리는 여전히 관계에 대한 고정관념을 깨뜨리지 못한 채 서로 상처받고 상처 주며 살고 있지는 않나요? '선의로 한 말이니 괜찮아' 하고 툭툭 내가 하고픈 말을 내뱉고, 누군가에게 거절당하면 '나를 싫어하는 게 분명해'라고 불쾌함을 감추지 못합니다. 절대불변의 진리인 양 "사람은 절대 안 변하지."라고 말하기도 하죠.

하지만 뇌과학자와 심리학자들은 수많은 연구 결과를 토대로 "그렇지 않다."라고 반기를 들며 건강한 거리 두기, 성숙한 관계 설정의 방법을 이야기합니다. 그렇다면 지금이라도 관계에 대한 고정관념을 '리셋'해야 하지 않을까요?

결이 비슷한 사람끼리
어울리는 게 좋다

"우리가 틀렸다는 것을 깨닫는 순간,
더 나은 이해와 공감으로 나아갈 수 있다."
— 캐서린 슐츠 —

다양한 관점을 경험하는 건 성장의 필수 요소입니다. 우리는 본능적으로 나와 결이 비슷한 사람과 어울리는 걸 선호해요. 생각이 비슷하면 갈등이 적고, 대화가 매끄럽게 흐르며, 심리적 안정감도 크죠. 하지만 결이 비슷한 사람과만 교류하다 보면, 사고가 제한되고 세상을 바라보는 시야가 좁아집니다. 그야말로 우물 안 개구리가 되는 것이죠. 다양한 시각과 배경을 가진 사람들과 소통할 때, 비로소 새로운 통찰을 얻고 문제 해결 능력이 향상됩니다.

나와 결이 다른 사람들과 교류하는 게 불편할 수 있어요. 하지만 불편함 속에서 사고가 확장됩니다. 심리학자 캐서린 슐츠 Kathryn Schulz는 자신의 믿음이 잘못되었음을 인정할 때 성장할 수 있다고 강조하며, "우리가 틀렸다는 것을 깨닫는 순간, 더 나은 이해와 공감으로 나아갈 수 있다."라는 취지로 이야기했습니다. 비슷한 사람들 속에서만 머물면, 생각의 오류를 발견할 기회를 잃게 됩니다. 심리학자 로버트 스턴버그 Robert J. Sternberg는 다양한 배경과 경험에서 비롯된 실질적 지능과 지혜가 복잡한 문제를 해결할 때 중요한 요소가 된다고 강조했으며, 관련 연구들은 인지적 다양성을 가진 그룹이 문제 해결에서 더 나은 성과를 보일 수 있음을 시사합니다.

다양한 인간관계가 주는 이로움

위대한 성취를 이룬 사람들은 자신과 결이 다른 사람들과 적극적으로 교류했어요. 스티브 잡스 Steve Jobs는 서체 디자인, 일본식 미니멀리즘, 선불교를 탐구하며 애플의 제품 철학을 완성했습니다. 그가 기술자들만이 아닌 예술가, 디자이너, 철학자들과 교류했기에 애플은 단순한 전자 기기 회사가 아닌 하나의 문화가 될 수 있었죠. 찰스 다윈 Charles R. Darwin 역시 생물학뿐 아니라 지질학, 다양한 분야의 과학적 탐구를 통해 진화론을 완성했어요. 말콤 글래드웰 Malcolm Gladwell이 그의 저서들에서 보여 주었듯이, 성공한 사람들은 종종 다양한 사람들과의 네트워크 속에서 새로운 기회를 발견합니다. 즉, 나와 다른 배경을 가진 사람들을 만날 때 비로소 사고가 확장되고 창의적인 돌파구가 생겨요.

사회적 지능 Social Intelligence 역시 다양한 인간관계를 통해 길러집니다. 미국 《응용 심리학 저널 Journal of Applied Psychology》에 발표된 연구에 따르면, 다문화 경험은 인지적 유연성을 높여 창의적 성과를 증진시키는 것으로 나타났습니다 Lu et al., 2024. 이는 다양한 관점을 접할 때 사고의 폭이 넓어지고 새로운 방식으로 문제를 바라볼 수 있게 됨을 시사합니다.

정치적, 성향적, 성격적으로 나와 다른 사람들과 대화하는 건 당연히 불편할 수 있어요. 하지만 그 과정에서 새로운 시각을 접하고, 타인의 입장을 이해하는 능력이 길러집니다. 결국, 인간관계에서 깊은 신뢰를 형성하는 사람들은 자신과 결이 다른 사람들과도 자연스럽게 어울릴 줄 아는 사람들이에요.

반대로, 비슷한 사람들과만 어울리면 '에코 챔버 효과 Echo Chamber effect (반향실 효과)'에 빠질 위험이 있습니다. 2016년 미국 대선 전후로 소셜미디어 사용과 정치적 양극화에 대한 여러 연구가 진행되었어요. 그중에는 소셜미디어를 통한 정보 소비가 정치적 신념에 미치는 영향을 분석하며, 선택적 정보 노출의 가능성을 제기한 연구도 있었어요 Allcott & Gentzkow, 2017. 심리학자 조너선하이트 Jonathan Haidt는 『바른 마음』이란 책에서 "우리는 본능적으로 자기 진영을 지키려고 하지만, 결국 타인의 입장을 이해하지 못하는 것이 가장 큰 문제다."라고 말하기도 했습니다. 나와 비슷한 사람들과만 어울리면 세상을 이해하는 능력이 떨어지고, 갈등 해결 능력 또한 약해집니다.

성공적인 삶을 살기 위해서는 열린 태도를 가져야 해요. 인간은 다양한 환경 속에서 성장합니다. 편한 길만 선택하면 사고가 정체되죠. 불편한 대화를 피하지 마세요. 다른 생각을 가진 사람들과 대화하세요. 그것이 사고를 확장하고, 인간관계를 깊게 하며, 결국 나를 성장시키는 길입니다.

나와 결이 다른 사람들은 소외시키거나 배척해야 할 대상이 아닙니다. 나와 다른 사람들과 교류할 때, 우리는 진정한 배움을 얻고 성장해요. 편한 길보다 성장하는 길을 선택하세요. 그것이 진정한 배움의 길입니다.

자신 먼저 챙기는 사람은 이기적이다

"자신을 수양하여 다른 사람을 편안하게 한다."
— 공자 —

우리는 어린 시절부터 늘 이렇게 배워 왔습니다. "남을 먼저 챙기는 사람이 좋은 사람이다.", "나를 먼저 생각하는 건 이기적인 행동이다." 그래서 많은 사람이 자신을 챙기고 돌보는 일을 왠지 죄책감을 느끼며 꺼리죠. 한국인의 공동체 중심 정서와 문화의 영향이 큽니다. 여러 사회 조사에서도 이타성과 공동체 기여가 높은 도덕성으로 평가받는 경향이 반복적으로 확인되고 있습니다.

하지만 나를 먼저 챙기는 건 결코 나쁘거나 이기적인 일이 아닙니다. 오히려 나를 돌보는 일이야말로 진정한 이타심으로 향하는 첫걸음이에요. 나 자신이 제대로 서 있어야 타인도 건강하게 돌볼 수 있습니다.

심리학자 애덤 그랜트Adam Grant는 사람들을 세 부류로 나누었습니다. 주는 사람인 '기버Giver', 받기만 하는 사람인 '테이커Taker', 주고받는 사람인 '매처Matcher'입니다. 그랜트는 가장 성공적이고 행복한 사람이 무조건 주기만 하는 '기버', 즉 '무조건적인 기버Selfless giver'가 아니라 자신을 먼저 챙기면서 타인을 돌보는 '다른 사람을 생각하는 기버Otherish giver'라고 밝혔습니다. 무조건적인 기버는 타인을 돕느라 자신의 에너지를 소진해 번아웃 상태가 될 수 있지만, 성공적인 기버는 타인을 돕는 동시에 자신의 경계를 설정하고 누구에게 도움을 줄지 신중히 선택함으로써 지속 가능한 성공을 이루어 낸다고 설명했죠. 이는 '이기적 이타주의자'와 일맥상통합니다. 이기적 이타주의자는 내가 건강하고 바로 서야 장기적으로 타인에게 더 많은 것을 베풀 수 있다는 진리를 잘 아는 사람입니다.

나를 이롭게 하는 게 타인을 이롭게 하는 것이다

제가 좋아하는 말 중에 '자리이타自利利他'가 있습니다. 불교적 개념에서 나온 말로, 나를 이롭게 하는 게 결과적으로 타인을 이롭게 한다는 뜻이죠. 일본의 경영자 이나모리 가즈오^{Inamori Kazuo}는 이 개념을 경영에 적용하여, 자신을 먼저 관리하고 건강한 상태를 유지함으로써 조직 전체의 건강을 도모했습니다.

비행기에서 응급 상황이 생기면 승무원은 항상 이렇게 안내합니다.

"산소마스크가 내려오면 본인의 마스크를 먼저 착용한 뒤 옆 사람을 도우세요."

왜 그럴까요? 내가 먼저 숨을 쉬고 건강해야 타인도 도울 수 있기 때문입니다. 삶 역시 마찬가지입니다. 내가 바로 서야 가정이 바로 서고, 내가 건강해야 가정도 건강합니다. 자신을 돌보지 않고 희생만을 강요하면 결국 모두가 무너져요.

언젠가 한 방송 프로그램에서 안타까운 사연을 접했습니다. 사연의 주인공은 가족과 직장을 위해 자신을 전혀 돌보지 않았어요. 주변 사람들은 그런 그를 '좋은 사람'이라 칭찬했지만, 정작 그는 우울증과 건강 악화로 무너졌습니다. 결국 그가 쓰러지자, 가족도 큰 어려움에 부딪혔죠. 그가 자신부터 챙겼다면 결과는 달랐을 거라 생각합니다.

심리학자 크리스틴 네프^{Kristin Neff}는 '셀프 컴패션^{Self-Compassion}'이란 개념을 이야기하며, 자기 연민을 실천하는 사람들이 타인에게도 더 따뜻하고 공감적인 태도를 보인다고 설명했습니다. 자기

돌봄이 대인 관계 만족도와 전반적인 심리적 건강에 긍정적인 영향을 줄 수 있음을 시사하죠. 나를 챙기는 게 결코 이기적인 게 아니라는 명확한 증거입니다.

역사에서도 '자리이타'의 힘을 볼 수 있습니다. 공자 역시 『논어』에서 "자신을 수양하여 다른 사람을 편안하게 한다修己以安人."라고 하며, 개인의 수양이 사회를 이롭게 하는 데 중요한 역할을 한다고 강조했어요. 세상을 이롭게 하려면 나 자신부터 바로 세워야 한다는 겁니다.

나를 먼저 챙기는 건 타인을 외면하는 게 아니라 오히려 진정한 이타심의 시작입니다. 자기 자신을 돌보는 사람만이 지속 가능한 헌신을 할 수 있어요. 조건 없는 희생은 결국 나 자신과 주변을 함께 무너뜨릴 뿐입니다. 내가 우선입니다. 내가 먼저예요. 내가 바로 서야만 가정도 바로 서고, 내가 건강해야만 가족과 주변 사람들도 건강할 수 있습니다.

이제는 나를 챙기는 것에 죄책감을 느끼지 마세요. 자신을 돌보는 일은 이기심이 아니라 책임감에서 비롯됩니다. 나를 사랑하고 돌보는 일이야말로 가장 현명하고 성숙한 태도예요. 내가 행복해야 가정도 행복합니다. 자신에게 희생과 헌신을 강요하지 말고, 자신을 먼저 챙기는 용기와 현명함을 가지세요. 나를 먼저 챙기는 것, 그것이 진짜 사랑이자 진정한 이타심입니다.

부모는 자녀에게 늘
좋은 모습만 보여야 한다

"자녀에게 사랑을 줄 수는 있으나
생각까지 줄 수는 없습니다."

— 칼릴 지브란 —

좋은 부모가 되려면 완벽해야 한다는 이야기를 자주 듣습니다. 자녀 앞에서 흔들리지 않고, 언제나 강하며, 실수 없는 모습을 보여야 한다고요. 이런 생각이 자녀에게 긍정적인 영향을 줄 것 같지만, 정말 그럴까요? 오히려 부모가 실수와 실패를 숨기는 것이야말로 자녀에게 더 큰 부담을 주는 일일지도 모릅니다.

왜 그럴까요? 자녀는 부모의 말보다 행동에서 더 많은 것을 배웁니다. 심리학자 캐럴 드웩은 '성장 마인드셋' 연구를 통해 부모가 실패를 성장의 일부로 받아들이는 모습을 보여 주는 것이 아이들이 도전을 두려워하지 않게 만드는 데 중요하다고 강조했습니다. 그녀의 연구 결과를 보면, 부모가 실수를 숨기고 완벽한 모습을 유지하려 할 경우, 아이들은 실패를 부끄럽게 여길 뿐 아니라 작은 실수에도 쉽게 좌절하는 경향이 강했습니다. 반면 부모가 실수를 인정하고 해결하는 모습을 보이면, 아이들은 문제를 회피하기보다 해결하려는 태도를 보였죠. 실패는 창피한 게 아니라 배움의 과정이라는 걸 부모가 직접 보여 줘야 합니다.

　부모가 실수하는 모습을 숨기면, 아이는 본인도 완벽해야 한다는 강박에 시달릴 수 있어요. 실제로 부모의 완벽주의 성향이 자녀의 불안감을 높이고, 실패에 대한 두려움으로 인해 도전을 회피하게 만든다는 연구 결과들이 있습니다. 완벽함만 강조하면, 아이는 실수를 감추고 변명하는 법을 배워요. 부모가 "엄마도 실수했어, 하지만 다시 해 볼 거야."라고 말하는 순간, 아이는 실수를 극복하는 법을 배우죠. 실패를 받아들이고 다시 도전하는 태도야말로 인생에서 가장 중요한 능력입니다.

　실수와 실패는 숨길 대상이 아니라 공유해야 할 가치 있는 경험입니다. 또한, 부모가 자신의 취약함이나 어려움을 솔직하게 드러낼 때 자녀의 정서적 회복탄력성 발달에 긍정적인 영향을 줄 수 있다는 연구들도 있습니다. 실수를 감추는 부모 밑에서 자란 아이들은 작은 실패에도 자책하며 쉽게 위축되지만, 부모가 실수를 자연스럽게 인정하는 가정에서 자란 아이들은 문제를 더 잘 해결하는 태도를 보입니다. 부모가 삶의 현실을 보여 줄 때, 아이들은 실패를 두려워하지 않는 태도를 배워요.

부모가 약점을 인정할 때 일어나는 일

부모가 완벽해야 한다는 고정관념이 오히려 자녀와의 거리를 만들 수도 있습니다. 철학자 칼릴 지브란Kahlil Gibran의 글에서도 서로의 인간적인 면모를 받아들이는 것의 중요성을 엿볼 수 있습니다. 부모가 약점을 인정하면, 아이는 부모를 더 가깝게 느끼고 신뢰하게 됩니다.

제 친구는 아이 앞에서 늘 강한 척하다가, 어느 날 "아빠도 무서울 때가 있어."라며 속내를 꺼냈어요. 그러자 아이가 "그럼 내가 안아 줄게."라며 달려오더랍니다. 부모가 감정을 솔직하게 표현하고 나누는 가정에서 자란 아이들이 정서적 안정감을 더 높게 경험하는 경향이 있다는 연구 결과도 있습니다. 강한 척하는 부모보다, 진짜 감정을 나누는 부모가 더 깊은 신뢰를 얻습니다.

부모의 실수는 자녀에게 공감의 씨앗을 심어 줍니다. 부모가 자신의 힘든 순간을 솔직히 이야기하면, 아이도 자신의 감정을 숨기지 않고 나누는 법을 배우죠. 퇴근 후 아빠가 아이에게 "오늘 회사에서 힘든 일이 있었어."라고 말하면, 아이가 "나도 오늘 학교에서 속상한 일이 있었어."라며 대화를 나눌 수 있어요. 부모가 자신의 감정을 솔직하게 공유할 때 자녀의 공감 능력 발달에 도움이 될 수 있다는 연구 결과도 있습니다. 완벽한 부모는 마음의 거리를 만들지만, 인간적인 부모는 마음의 거리를 더 가까워지게 합니다.

완벽한 부모가 되려고 애쓰지 마세요. 완벽한 인간은 없습니다. 부모도 예외는 아니죠. 다시 도전하는 모습을 보여 주세요. 그게 자녀에게 줄 수 있는 가장 큰 선물입니다. 여러분도 떠올려 보세요. 부모의 완벽함이 기억에 남았나요, 아니면 인간적인 순간이 더 깊은 흔적을 남겼나요? 아이들에게도 마찬가지입니다. 근사한 모습보다 진짜 삶을 보여 주세요. 그래야 아이들이 실패를 두려워하지 않고, 도전하고 성장하는 법을 배웁니다.

인생의 기회는
가까운 사람에게서 온다

"행운을 거머쥔 사람들은
새로운 경험과 만남에 열려 있다."

— 리처드 와이즈먼 —

보통은 가족, 친구, 직장 동료처럼 익숙하고 신뢰할 수 있는 사람들이 내 삶에 큰 영향을 줄 거라고 생각합니다. 하지만 사람과 세상을 들여다보며 깨달은 게 있어요. 인생의 가장 결정적인 기회와 변화는 오히려 낯선 사람, 느슨한 관계, 약한 연결에서 온다는 사실이지요.

왜 그럴까요? 사회학자 마크 그래노베터 Mark Granovetter 는 '약한 연결의 강점 The Strength of Weak Ties'이라는 연구를 통해 우리가 예상하지 못한 기회는 가까운 관계가 아닌, 오히려 느슨한 인맥에서 생겨난다는 사실을 밝혔습니다. 그는 사람들이 새로운 직업을 찾거나 인생의 중요한 갈림길에 서 있을 때, 가족이나 절친한 친구보다 오히려 약한 관계를 맺고 있는 사람들에게서 기회를 얻는 경우가 더 많다고 분석했죠. 예를 들면 몇 번 인사를 나눈 적 있는 사람, 한두 번 대화를 나눈 동료, 오래전에 만난 지인 등이 예상치 못한 기회를 제공하는 것이죠. 이는 약한 연결의 강점으로 알려져 있습니다.

2022년 《사이언스Science》지에 발표된 논문에서 링크드인Linkedin의 2천만 개 넘는 연결 데이터를 분석한 결과, 새로운 직업 기회를 얻은 사람들의 상당수가 가까운 친구나 가족이 아닌 약한 연결을 통해 기회를 얻었다는 사실도 드러났어요. 그 이유는 단순합니다. 가까운 사람들은 나와 비슷한 네트워크 안에 있기 때문에, 새로운 정보를 제공하기에는 한계가 있죠. 반면 느슨한 관계에 있는 사람들은 전혀 다른 네트워크에 속해 있어 예상치 못한 기회와 정보를 제공할 가능성이 훨씬 큽니다

기회의 본질은 '새로움'입니다. 가까운 사람들은 나를 잘 알기 때문에 종종 익숙한 조언만 건네죠. 반면에 낯선 사람이나 느슨한 관계에 있는 사람들은 나의 가능성을 다르게 바라볼 수 있어요. 실제로 저는 SNS와 블로그 활동을 하면서 이 점을 강하게 체감했습니다. 가깝게 알고 지낸 사람보다 한두 번 연락한 인연, 댓글로만 소통했던 사람들이 더 큰 기회를 만들어 준 경우가 많

앉어요. 출간 제안을 받은 것도, 강연을 하게 된 것도 모두 예상하지 못했던 사람들이 만들어 준 기회 덕분이었습니다.

느슨한 관계에서 얻는 기회

심리학자 리처드 와이즈먼Richard Wiseman은 '많은 행운을 거머쥔 사람들의 공통점 중 하나는 새로운 경험과 만남에 열려 있으며, 이를 통해 기회를 포착하는 경향이 있다'고 밝혔습니다. 이는 단순한 우연이 아니에요. 링크드인의 공동 창업자 리드 호프먼Reid Hoffman은 약한 연결을 통해 초기 투자자와 파트너를 만나며 회사를 성장시켰습니다. 페이스북의 창업자 마크 저커버그Mark Zuckerberg도 하버드대학에서 만난 느슨한 연결의 동료들과 협력하여 초기 페이스북을 설립했어요.

강한 관계는 분명 중요합니다. 하지만 때때로 그것이 우리의 가능성을 제한할 수 있어요. 가까운 사람들은 우리를 잘 알기에 오히려 보호하려는 마음으로 도전을 막을 수 있죠. 이와 달리 느슨한 관계를 맺고 있는 사람들은 더 객관적인 조언을 제공하며, 때때로 우리가 스스로 보지 못한 가능성을 열어 주기도 합니다. 이는 그래노베터가 지적했듯이, 약한 연결이 우리와 다른 사회적 집단이나 정보 네트워크로 이어지는 다리 역할을 하기 때문입니다. 그 결과, 우리는 익숙한 환경에서는 얻기 힘든 새로운 관점이나 객관적인 피드백을 받을 기회를 얻게 되죠.

느슨한 관계는 지속 가능성도 높습니다. 강한 관계는 감정적으로 얽혀 있어 시간이 지나면서 부담이 될 수 있지만, 약한 연결은 부담 없이 유지되며 오히려 더 자연스럽게 지속될 수 있죠. 깊이 얽힌 관계는 때때로 감정적 피로를 초래하지만, 약한 연결은 지속적인 기회를 제공하는 데 유리한 환경을 만듭니다.

관계를 맺는 방식이 새롭게 변화하고 있어요. SNS와 온라인 네트워크가 활성화되면서 느슨한 관계의 영향력이 더욱 강력해졌습니다. 링크드인, 엑스(옛 트위터), 블로그 같은 플랫폼에서 우연히 맺어진 인연이 강력한 기회로 이어지는 사례가 점점 늘어나고 있죠. 온라인에서 우연히 주고받은 대화 하나가 새로운 기회를 열어 주고, 하나의 댓글이 예상치 못한 인연으로 이어지는 경우를 자주 경험하고 목격합니다.

인생에서 중요한 순간을 바꾸는 건 예상 밖의 연결입니다. 때때로 새로운 가능성은 전혀 예상치 못한 곳에서 찾아와요. 그러니 가까운 사람만 바라보지 마세요. 새로운 사람과의 접점을 늘려 가세요. 꼭 오프라인이 아니어도 좋습니다. 온라인도 괜찮아요. 여러분도 떠올려 보세요. 지금까지의 기회가 정말 가까운 사람에게서만 왔는지, 아니면 의외의 곳에서 문이 열렸는지. 그 답이 새로운 관계를 향해 마음을 열어야 할 이유일지도 모릅니다.

첫인상이 사람을
판단하는 데
도움이 된다

"가장 잘 적응하는 사람이 살아남는 것이 아니라,
가장 관계를 잘 맺는 사람이 살아남는다."

— 손 아처 —

얼굴을 보고 성격을 판단하고, 첫 만남에서 받은 느낌을 근거로 상대를 평가하는 경우가 많습니다. "관상은 과학이다."라는 말처럼 우리가 직관적으로 판단한 게 꽤 자주 들어맞는 듯 보이고, 그렇게 결론을 내리는 것이 빠르고 편리하기 때문이죠. 과연 첫인상이 사람을 평가하는 데 있어 정확한 기준이 될까요?

첫인상은 빠르게 형성되지만, 그것이 진실을 담보하지는 않아요. 프린스턴대학의 심리학자 알렉산더 토도로프 Alexander Todorov는 사람들이 얼굴 사진을 보고 0.1초 같은 매우 짧은 시간에 상대의 능력이나 신뢰도 같은 특성을 판단한다고 밝혔습니다. 문제는 이러한 빠른 판단이 실제 성격이나 능력과 반드시 일치하지는 않으며, 때로는 편견에 기반할 수 있다는 점이에요. 실제로 첫인상으로 판단한 성격 특성이 실제 성격과 얼마나 일치하는지에 대한 연구들을 보면, 정확도가 높지 않다는 결과가 많습니다. 즉, 첫인상만으로 사람을 판단하는 건 신뢰하기 어렵습니다.

첫인상과 '확증 편향'

첫인상의 위험성은 '확증 편향Confirmation Bias'에서도 나타납니다. 일단 특정한 이미지를 가지면, 우리는 그 이미지를 강화하는 정보만 선택적으로 수집하려는 경향이 있어요. 한 실험에서 참가자들에게 특정 인물의 사진을 보여 주고 성격을 추측하게 한 뒤, 이후 실제 그 사람이 하는 행동을 보여 주었습니다. 그런데 처음에 '냉정해 보인다'라고 판단한 사람들은 그가 친절한 행동을 해도 '가식적이다'라고 해석하는 경우가 많았습니다. 반대로 '따뜻한 인상'이라고 판단한 사람들은 같은 행동을 보고 '역시 친절한 사람이다'라고 평가했죠. 결국, 첫인상은 객관적 판단이 아니라, 개인의 고정관념과 편견을 강화하는 도구가 될 수 있습니다.

외모와 실제 성격 사이의 연관성에 대한 연구들을 살펴보면, 뚜렷한 상관관계를 찾기 어렵다고 말합니다. 다시 말해, 외모를 보고 내성적이거나 외향적일 거라고 판단하는 건 통계적으로 신뢰할 만한 기준이 되지 않습니다.

이와 비슷한 오류는 혈액형 성격설이나 MBTI 같은 성격 유형 테스트에서도 나타납니다. '이 사람은 O형이니까 사교적일 거야'라든가 'INFJ니까 예민할 거야' 같은 생각이 대표적인 예죠. 그러나 과학적으로 혈액형과 성격 간의 관계는 입증되지 않았으며, MBTI 역시 성격의 고정적인 틀이 아니라 선호 경향성을 보여 주는 도구일 뿐입니다. 또한 MBTI와 같은 성격 유형 테스트 결과에 따라 고정관념을 가지고 팀원을 평가하는 것은 팀 내 오해를 불러일으키거나 협업에 부정적인 영향을 미칠 수 있다는 비판도 제기됩니다.

첫인상에 의존하는 건 인생에서 중요한 기회를 놓치는 일이기도 합니다. 누군가 차가운 표정을 짓고 있다고 해서 '냉정한 사람, 비호감'이라고 단정 지어 버린다면, 우리는 소중한 인연을 잃을 수도 있습니다. 외적으로 다소 거칠어 보여서 '거만한 사람'이라고 오해했지만, 실제로는 가장 따뜻한 성품을 가진 사람일 수도 있죠. 첫인상을 맹신하는 것이야말로 편견에 갇혀 더 많은 사람, 더 넓은 세상을 경험할 기회를 스스로 차단하는 겁니다.

첫인상이 틀렸을 때의 대가는 치명적입니다. 열 번 중에 아홉 번 맞았다고 해도, 단 한 번의 실수로 인해 중요한 기회를 잃을 수 있죠. 그 한 번이 나에게 평생 도움을 줄 귀인이었다면, 또는 나의 삶을 바꿔 줄 소중한 인연이었다면 어떻게 될까요? 한 번의 잘못된 판단이 인생을 전혀 다른 길로 들어서게 합니다. 그땐 이미 후회해도 늦어요.

사람을 진정으로 이해하는 건 첫인상이 아니라, 그와 나누는 경험과 대화 속에서 이루어집니다. 첫인상을 맹신하지 마세요. 더 깊이 들여다보려는 노력, 열린 마음을 유지하는 것이야말로 진정한 관계를 만들고 더 많은 기회를 발견하는 길입니다.

선의로 한 말이니
괜찮다

"말을 하기 전에 그 말이 세 개의 문을 통과하게 하라.
첫째, 그 말이 사실인가? 둘째, 그 말이 필요한가?
셋째, 그 말이 따뜻한가?"

— 수피 속담 —

우리는 흔히 좋은 의도로 한 말은 문제가 되지 않을 거라 여깁니다. 하지만 정작 중요한 것은 말하는 사람의 의도가 아니라 듣는 사람의 마음이에요. 아무리 좋은 뜻에서 한 말이라도 상대방이 상처받았다면, 다시 생각해 볼 필요가 있습니다.

『너에게 들려주는 단단한 말』을 쓴 김종원 작가는 "침묵보다 나은 말을 해야 하고, 여백보다 나은 글을 써야 한다."라고 말합니다. 말은 우리가 생각하는 것보다 훨씬 강력한 힘을 가지고 있어요. 때로는 한마디 말이 누군가를 깊이 위로하기도 하고, 누군가에게는 칼날이 되기도 하죠. 우리는 말하기 전에 한 번 더 생각해야 합니다.

'이 말을 꼭 해야 할까?'

'이 말이 정말 상대방에게 도움이 될까?'

"힘내."라는 말의 역설

예컨대 "힘내."라는 말이 있습니다. 우리는 이 말을 좋은 의미로 건네지만 이미 최선을 다하고 있는 사람한테는 "더 노력해야 해.", "더 쥐어 짜내 봐."로 들릴 수 있어요. 일본 드라마 〈Dr. 린타로〉에 이런 대사가 나와요.

"이미 지나치게 힘을 내고 있는 사람에게 '힘내'라는 말은 낭떠러지 끝에 선 사람을 떠미는 것과 다름없다."

위로는 의도가 아니라 받아들이는 사람의 입장에서 생각해야 합니다.

말은 단순히 정보 전달이 아니라 감정과 맥락이 함께 작용해요. 히타노 히로시는 『내가 어릴 적 그리던 아버지가 되어』에서 이렇게 말합니다.

"온화한 모습으로 다정한 말을 건네지만, 결과적으로 고통을 준다면 그것은 잔혹한 것과 다를 바 없다."

우리가 착각하는 것 중 하나가 바로 이 부분이에요. 좋은 말투로 조언하면 괜찮다고 생각하지만, 결국 중요한 건 상대방이 어떻게 받아들이느냐입니다.

언어학자 데보라 태넌 Deborah Tannen 은 '말의 의미는 단순히 단어의 뜻을 넘어, 말하는 방식, 억양, 비언어적 신호, 그리고 듣는 사람의 해석 등 다양한 요인에 의해 결정되며, 이 과정에서 의도하지 않은 메시지가 전달되어 오해를 불러일으킬 수 있다'고 강조합니다. 예컨대 친구가 힘든 일을 겪고 있을 때 "다 괜찮아질 거야."라고 말하는 건 위로가 될 수도 있지만, 때로는 '지금의 상황과 너의 감정을 가볍게 여긴다'라는 의미로 받아들여질 수도 있어요. 이처럼 말의 힘엔 의도가 크게 작용하지 않습니다.

정혜신 정신건강의학과 전문의는 '공감'의 중요성을 강조하며, 힘든 사람에게 가장 큰 위로는 논리적 조언이 아니라 존재 자체에 대한 수용이라고 말합니다. "당신이 옳다.", "네가 그랬다면 이유가 있을 거야.", "나만 힘든 줄 알았는데 너도 많이 힘들었구나." 이런 말들이 때로는 더 큰 힘이 돼요. 우리는 종종 문제를 해결해 주려 하지만, 정작 상대가 원하는 건 해결책이 아니라 그저 이해받는 것일 때가 많습니다.

수피 속담에 이런 말이 있어요.

"말을 하기 전에 그 말이 세 개의 문을 통과하게 하라. 첫째, 그 말이 사실인가? 둘째, 그 말이 필요한가? 셋째, 그 말이 따뜻한가?"

이 기준을 통과하지 못한다면, 차라리 침묵하는 게 낫습니다. 말은 반드시 사실이어야 하고, 필요해야 하며, 무엇보다 따뜻해야 해요.

침묵은 소극적인 게 아닙니다. 침묵도 하나의 언어에요. 심리학 연구에 따르면, 말을 많이 하는 사람보다 신중하게 듣는 사람이 더 신뢰를 얻는 경우가 많다고 합니다. 말이 많다고 더 좋은 관계가 형성되는 게 아니에요. 상대방의 말을 경청하고, 적절한 순간에 공감하는 게 더 깊은 유대감을 형성합니다.

작가 강원국은 말합니다.

"말실수를 줄이려면 말수를 줄이고, 미리 걸러 본 후 말하고, 상대 표정을 살피고, 말한 후 복기해 보라."

즉, 우리에겐 말하기보다 듣고 생각하고 다시 한번 점검하는 과정이 필요합니다.

'나는 선의로 말했으니 괜찮아'는 잘못된 생각입니다. '내가 한 말이 상대방에게 어떻게 들릴까?'를 생각하세요. 말은 단순한 정보가 아닙니다. 말은 감정이며 관계이고 힘이에요. 우리는 이 힘을 신중하게 사용해야 합니다. 선의로 한 말이라도, 듣는 이가 상처받았다면 하지 말았어야 할 말이에요. 여러분 눈에 보이는 말이 아닌 상대방의 마음에 필요한 말을 해 주세요. 그게 바로 남을 살리는 말입니다.

'꼰대'는 나이 많은
어른에게만 해당하는 말이다

"삶에서 내가 원하는 것은, 가슴에서 우러나와
다른 사람에게로 전해지는 연민이다."

— 마셜 로젠버그 —

흔히 '꼰대'라고 하면 중년 이상의 연장자를 떠올리지만, 사실 그렇지 않습니다. 꼰대의 핵심은 나이가 아니라 태도에 있거든요. 상대방이 원하지 않는 충고를 하거나, 듣는 사람의 입장은 고려하지 않은 채 자기 생각만을 강요하는 게 바로 꼰대적 태도입니다. 즉, 나이가 아니라 상대를 존중하지 않는 태도가 꼰대를 의미한다는 걸 기억하세요.

심리학자 애덤 그랜트는 "효과적인 리더십은 단순히 지위나 권위에 의존하는 것이 아니라, 구성원들의 의견을 경청하고 존중하며 심리적 안전감을 제공하는 데서 비롯된다."라고 강조합니다. 이는 꼰대 문화와도 맞닿아 있죠. 상대방이 원치 않는 조언과 충고를 반복하는 건 자신이 옳다고 믿는 태도에서 비롯됩니다. 진정한 존중은 내 의견을 강요하는 게 아니라, 상대의 생각을 듣고 필요할 때 도움을 주는 거예요.

'비폭력 대화 Nonviolent Communication'을 제안한 심리학자 마셜 로젠버그 Marshall B. Rosenburg는 자신의 느낌과 욕구를 솔직하게 표현하되 상대방의 느낌과 욕구 또한 존중하며 듣는 것의 중요성을 강조했습니다. 즉, 아무리 좋은 의도로 말했더라도 상대를 불쾌하게 하거나 그의 욕구가 충족되지 않는다면 그 소통 방식은 다시 생각해 볼 필요가 있다는 거죠. "너를 위해서 하는 말이야."라는 말로 자신의 발언을 정당화하는 건 꼰대적 태도의 전형적인 특징입니다.

꼰대가 되는 이유는 다양합니다. 하나, 자신의 경험이 절대적으로 옳다고 믿는 태도 때문입니다. 사람은 누구나 자신의 경험을 통해 세상을 보려는 경향이 있어요. 이를 심리학에서는 '확증 편향'이라고 하죠. 자신의 신념과 일치하는 정보만 받아들이고, 그에 맞지 않는 정보는 무시하는 태도를 의미합니다. '내가 해 보니까 이게 맞아'라는 생각이 강하면, 자연스럽게 타인에게 강요하게 되죠.

둘, 본인의 가치관이 보편적이라고 착각하는 경우입니다. 심리학자 폴 블룸$^{Paul Bloom}$은 공감에 대해 탐구하며, 우리가 타인의 입장을 이해하려 할 때 자신의 경험이나 관점을 투영하기 쉽다고 지적합니다. 문제는, 그 경험이 타인의 상황과 항상 일치하지 않는다는 점이죠. 20년 전의 취업 방식이 지금과 다르고, 과거의 업무 스타일이 요즘엔 유효하지 않을 수 있어요. 그럼에도 "나는 이렇게 해서 성공했으니, 너도 이렇게 해야 해."라고 말하는 건 상대의 입장을 고려하지 않은 태도입니다.

셋, 상대를 위한 것이라는 착각 때문입니다. 많은 꼰대적 발언이 "이게 다 널 생각해서 하는 말이야."라는 명목으로 이루어지죠. 하지만 상대방이 원치 않는다면 그건 도움이나 배려가 아닙니다. 불필요한 간섭이죠. 사회심리학자이자 연구자인 브레네 브라운은 진정한 공감은 상대방의 감정을 함께 느끼고 이해하려는 노력이지, 해결책을 제시하거나 평가하는 것이 아니라고 강조합니다. 상대의 생각을 듣고, 필요할 때만 의견을 제공하는 게 진짜 배려예요.

꼰대가 되지 않기 위해 알아둘 것

꼰대가 되지 않기 위해 필요한 태도는 무엇일까요? 하나, 정혜신 정신건강의학과 전문의는 '충조평판(충고·조언·평가·판단)'을 줄이라 강조합니다. 충조평판은 하는 사람은 속 시원할지 몰라도, 듣는 사람에게는 부담과 스트레스예요. 본인이 아무리 좋은 뜻으로 말했어도 상대가 받아들이기 어렵다면, 그 말은 오히려 관계를 해칠 수 있습니다.

둘, 말하기 전에 상대방이 듣기를 원하는지 확인하는 습관을 들여야 합니다. "내가 이런 경험이 있는데, 네게 도움이 될 것 같으니 들어 볼래?"라고 묻는 것만으로도 상대방에게 선택권을 줄 수 있죠. 이것이야말로 상대를 존중하는 태도입니다.

셋, 경청의 태도를 기르는 게 중요해요. 심리학자 칼 로저스Carl Rogers는 그의 인간 중심 상담 이론에서 '공감적 경청Empathic listening'의 중요성을 강조하며, 진정한 소통과 관계 형성은 상대방의 말을 깊이 이해하려는 노력에서 비롯된다고 보았습니다. 우리가 대화를 나눌 때, 얼마나 상대의 말을 끝까지 들어주고 있는지 돌아볼 필요가 있어요. 상대의 말을 충분히 듣지도 않고 충고부터 하려고 한다면, 이미 꼰대적인 태도를 보이고 있는 겁니다.

넷, 상대가 처한 환경과 시대적 변화를 고려하는 게 중요해요. "우리 때는 이랬어."라는 말이 무조건 틀린 건 아닙니다. 하지만 세상은 끊임없이 변하고 있어요. 예컨대, 90년대에는 인맥이 취업에 중요한 요소였지만, 지금은 개인의 역량과 포트폴리오가 더 중요하죠. 변화하는 시대 속에서 나의 경험이 여전히 유효한지 객관적으로 검토할 필요가 있습니다.

'꼰대'라는 단어가 부정적인 의미로 자리 잡은 이유는, 그것이

권위주의적이고 배려심 없고 타인을 억압하는 태도를 의미하기 때문이에요. 진정한 소통은 강요가 아니라, 상호 존중할 때 이뤄집니다. '나이가 많은가, 적은가'가 아니라 '상대의 입장을 고려하는가, 아닌가'가 본질이죠.

'꼰대'는 나이가 아니라 태도가 만든다는 사실을 기억하세요. 상대가 듣고 싶어 하지 않는 충고는 자제하고 경청하는 태도를 기르며, 시대적 변화를 반영하는 유연성을 갖춘다면 누구든 꼰대가 되지 않을 수 있습니다. 우리는 '하고 싶은 말을 하는 사람'이 아니라, '상대방이 듣고 싶어 하는 말을 할 줄 아는 사람'이 되어야 해요. 말보다 중요한 건 관계이며, 소통의 본질은 상대를 이해하고 배려하려는 노력에 있습니다.

사람은
변하지 않는다

"내가 가장 시간을 많이 보내는
다섯 명의 평균이 나다."

— 짐 론 —

많은 사람이 인간의 본성은 쉽게 변하지 않는다고 말합니다. 익숙한 습관, 뿌리 깊은 성격, 오랫동안 형성된 사고방식이 바뀌기 어려운 건 사실이죠. 하지만 세상에 변하지 않는 건 없습니다. 환경이 변하면 사람도 변하고, 배우고자 하는 의지가 있다면 누구든 성장할 수 있어요.

미국의 심리학자 캐럴 드웩은 '성장 마인드셋'과 '고정 마인드셋'의 개념을 통해, 인간의 능력과 성격적 특성 일부는 유연하다고 주장했습니다. 능력은 노력으로 발전할 수 있다고 믿는 '성장 마인드셋'을 가진 사람들은 실제로 더 성장하고 발전해요. 사람은 원래 변하지 않는다고 믿는 '고정 마인드셋'의 사람들은 현실에 안주하며 변화를 거부하죠. 결국 변화의 가능성을 믿는 것 자체가 변화를 만들어 냅니다.

사람을 변화시키는 세 가지 중요한 요소

사람이 변하는 데는 세 가지 요소가 중요하다는 이야기가 있습니다. 3간, 즉 시간Time, 공간Space, 인간People이죠. 시간을 어떻게 쓰느냐, 어떤 환경에서 살아가느냐, 누구와 어울리느냐에 따라 사람도, 인생도 달라져요. 매일 SNS를 보며 시간을 흘려보내는 사람과, 하루 한 시간이라도 독서와 자기계발에 투자하는 사람의 미래는 크게 다를 겁니다. 공간 또한 중요해요. 환경이 달라지면 행동이 변하고, 행동이 변하면 사고방식도 달라지죠. 가장 중요한 요소는 인간관계입니다. 유유상종類類相從, 근묵자흑近墨者黑, 끼리끼리라는 말이 있듯, 어떤 사람과 어울리는지가 결국 나를 결정합니다.

동기 부여 전문가 짐 론Jim Rohn이 말한 것으로 알려진, "내가 가장 시간을 많이 보내는 다섯 명의 평균이 나다."라는 말을 흘려듣지 마세요. 파리와 어울리며 쓰레기 주위를 어슬렁거리지 말고, 꿀벌과 어울리며 꽃밭에서 지내야 해요. 누구와 함께하느냐가 여러분을 결정합니다. 삶의 태도가 저급한 사람들과 어울리면 발전할 수 없어요. 불평과 불만을 입에 달고 사는 사람들 속에서는 성장할 수 없고, 계속해서 제자리걸음을 하거나 오히려 후퇴하게 됩니다. 긍정적이고 성장하는 사람들과 함께하면 자연스럽게 좋은 영향을 받고 더 나은 방향으로 나아갈 수 있죠.

전직 PD였던 주언규 인플루언서가 강연 등에서 이런 말을 한 적이 있습니다.

"풍요의 세상에서는 목표를 이야기하면 도와주는 사람들이 생긴다. 결핍의 세상에서는 목표를 이야기하면 방해하는 사람들이 생긴다."

여러분이 목표를 세우고 이를 위해 노력할 때, 주변 사람들이 부정적인 말을 하며 발목을 잡는다면 그 환경에서 벗어나야 합니다. 변화하고 싶다면, 이미 변화한 사람들과 어울려야 해요. 좋은 사람들과 어울리면 좋은 영향을 받고, 성장할 기회도 생깁니다.

배우 윤여정은 이렇게 말했습니다.

"누굴 만나더라도 고급하고 노세요."

여기서 '고급'이란 꼭 학벌이나 경제력만을 의미하는 게 아니라, 삶의 태도와 가치관까지 포함해요. 긍정적인 사람, 배울 점이 많은 사람, 서로를 응원해 줄 수 있는 사람들과 함께하세요. 남을 깎아내리고 부정적인 기운을 퍼뜨리는 사람들은 멀리하세요.

환경이 변하면 행동도 변합니다. 행동이 변하면 사고방식도 바뀌죠. 사고방식이 바뀌면 결국 사람이 변합니다. 이는 수많은 심리학 연구에서도 뒷받침되는 주장입니다. 미국 스탠퍼드대학교의 심리학 교수인 필립 짐바르도 Philip Zimbardo는 스탠퍼드 감옥 실험 Stanford Prison Experiment, SPE을 통해 환경이 인간의 행동에 얼마나 큰 영향을 미치는지 보여 주고자 했습니다. 처음엔 평범했던 실험 참가자들이 교도관과 죄수 역할에 몰입하면서 점점 교도관은 잔인해지고, 죄수들은 무기력해지는 현상이 나타났어요. 실험은 윤리적 문제로 조기 종료되었지만, 이 연구는 환경이 사람을 어떻게 바꾸는지 극명하게 보여 줍니다.

사람이 변하지 않는다는 말은 반은 맞고 반은 틀립니다. '사람은 변하지 않는다'라고 믿는 사람, 변하려는 의지가 없는 사람, 변하려고 행동하지 않는 사람은 변하지 않아요. 그러나 변하겠다는 의지를 가지고 행동하는 사람은 변할 수 있습니다. 올바른 환경과 태도, 노력이 뒷받침된다면 누구든 변할 수 있어요. 변화의 시작은 스스로 변할 수 있다고 믿는 겁니다.

변화를 원한다면 시간을 어떻게 쓰고 있는지 돌아보세요. 머무는 공간을 점검하세요. 여러분을 둘러싼 사람들을 살펴보세요. 거기에 답이 있습니다.

약점을 공유하면 손해를 본다

"진정한 변화는 자신을 있는 그대로 받아들이는
태도에서 시작된다."

— 브레네 브라운 —

대체로 사람들은 자신의 약점이 타인에게 부정적으로 비칠까 봐 두려워합니다. 강한 모습만 보여야 신뢰를 얻을 수 있다고 믿고, 취약한 부분을 감추려 애쓰죠. 취약성을 숨기는 게 신뢰를 쌓는 데 정말 효과적일까요?

실제로는 반대의 결과가 나타납니다. 심리학에서는 '취약성 기반 신뢰 Vulnerability-Based Trust'라는 개념이 있어요. 상대에게 자신의 취약한 부분을 솔직하게 드러낼 때 오히려 신뢰와 친밀감이 높아진다는 이론이죠. 하버드 경영대학원의 에이미 에드먼슨 Amy C. Edmondson 교수는 심리적 안전감 연구를 통해 "팀 구성원들이 자신의 의견이나 실수를 편안하게 이야기할 수 있는 심리적으로 안전한 환경에서 신뢰와 협업이 증진된다."라고 밝혔습니다. 사람들은 겉으로 완벽해 보이는 사람보다, 인간적인 면을 가진 사람에게 더 친근감을 느껴요.

브레네 브라운Brene Brown 교수는 "취약성을 감추는 것은 단절을 낳는다."라고 말합니다. 그는 TED 강연 '취약성의 힘The Power of Vulnerability'에서 취약성을 드러낼 용기가 있는 사람들이 더 깊은 관계를 맺고, 더 많은 신뢰를 얻으며, 더 행복한 삶을 산다고 설명했죠. 취약성을 감춘 사람들은 오히려 타인과의 관계에서 거리감을 느끼게 됩니다.

약점을 감추지 않는 것이 '요즘 리더십'이다

기업에서도 취약성 기반의 리더십이 주목받고 있어요. 미국의 유명한 리더십 전문가 사이먼 시넥Simon Sinek은 "훌륭한 리더는 자신의 실수를 인정하고, 도움을 요청하는 것을 두려워하지 않는다."라고 강조합니다. 완벽한 리더보다, 자신의 부족함을 솔직하게 공유하는 리더가 팀원들에게 더 신뢰를 얻고, 더 높은 성과를 낸다는 거죠. 실제로 구글의 '프로젝트 아리스토텔레스Project Aristotle' 연구에서도 팀 내 심리적 안전감이 높은 팀일수록 협업의 질이 높아지고, 업무 성과가 향상된다는 결과가 나왔습니다. 심리적 안전감은 구성원들이 자신의 취약성을 드러내도 괜찮다고 느끼는 환경을 의미합니다.

취약성을 공유하는 게 신뢰를 높이는 이유는 간단해요. 사람들은 공감할 수 있는 대상을 좋아합니다. 성공한 사람의 화려한 업적보다, 그들이 어떤 어려움을 겪었고, 어떤 실수를 했으며, 그것을 어떻게 극복했는지에 더 큰 감동을 받죠. 팀 페리스^{Tim Ferriss}의 『타이탄의 도구들^{Tools of Titans}』에는 이런 문장이 나옵니다.

"가장 많은 실수를 드러내는 사람이 '가장 열심히 노력하는 사람'이다."

실수와 실패는 우리가 도전하고 있다는 증거이며, 그것을 공유하는 것이야말로 진정한 용기의 표현이에요.

김녹두 정신건강의학과 전문의는 『감정의 성장』에서 "공감을 받으면 더 이상 그 감정을 억압하지 않고 드러낼 수 있으며, 따라서 억압된 감정이 일으키던 여러 가지 긴장이 줄어든다."라고 설명합니다. 감정을 숨기고 억압할수록 그 감정이 더욱 커지고, 결국은 관계와 정신 건강에 부정적인 영향을 미치게 되죠. 취약성을 솔직하게 공유하고 공감을 얻으면, 감정의 무게가 가벼워지고, 더 건강한 관계를 맺을 수 있습니다.

예일대학교 의대 나종호 교수는 "나는 우리 사회가 타인의 취약성을 약점 잡는 사회가 아니라, 취약성을 보듬어 줄 수 있는 사회로 나아가길 꿈꾼다."라고 말합니다. 취약성을 숨겨야 하는 사회에서는 사람들이 서로에게 벽을 세울 수밖에 없어요. 서로의 약점과 실수를 공유할 수 있는 사회에서는 신뢰와 연대감이 더욱 강해집니다.

사람들은 성공담도 좋아하지만, 실패담을 더 원하고 필요로 합니다. 실수와 실패를 통해 동질감을 느끼고, 반면교사로 삼아 자신이 같은 실수를 반복하지 않도록 배우려 하죠. 실수와 실패는 경험이자 자산입니다. 그것을 부끄러워할 필요가 없어요. 실수를 했다는 건 곧 무언가를 시작했다는 의미이며, 행동했다는 증거입니다.

실수하지 않는 사람, 약점과 취약성이 없는 사람은 없어요. 중요한 건 실수 자체가 아니라, 실수에 어떻게 반응하고 그것을 어떻게 활용하느냐입니다.

헨리 링크Henry Link는 이렇게 말합니다.

"어떤 이가 열등감 때문에 우물쭈물하고 있는 동안, 다른 이는 실수를 저지르며 점점 우등한 사람이 되어 간다."

실수를 두려워하지 마세요. 실수와 약점을 드러내는 걸 부끄러워하지 마세요. 실수하고 그것을 공유하는 건 관계를 강화하고 나를 성장시킵니다.

거절은 곧
내가 싫다는 의미다

"타인의 과제는 타인에게 맡기고,
나는 나의 과제에만 집중해야 한다."
― 알프레드 아들러 ―

거절을 당하면 많은 사람이 이렇게 생각합니다. '상대가 나를 싫어하는구나, 나를 싫어해서 거절한 거야.' 그렇지 않아요. 거절은 단지 거절일 뿐입니다. 나에 대한 거부도, 부정도 아니에요. 상대가 내 제안을 받아들이지 않은 가장 흔한 이유는 내 존재가 아니라 그 제안 자체에 대한 생각과 상황 때문입니다.

미국의 심리학자 앨버트 엘리스 Albert Ellis는 합리적 정서 행동 치료REBT를 통해 거절에 대한 우리의 반응을 재구성할 수 있다고 봤습니다. 그는 많은 사람이 거절을 자신의 존재 자체에 대한 거부로 받아들여 괴로워하지만, 실제로 대부분의 거절은 상황이나 조건이 맞지 않았기 때문이라고 설명하죠. 엘리스는 거절을 개인적 실패로 해석하기보다는 단순한 상황적 요인으로 보는 사고방식이 정신 건강에 유익하다고 강조합니다.

'인지적 탈융합'과 '거부 민감성'

『거절당하기 연습』의 저자 지아 장Jia Jiang은 100일 동안 고의로 사람들에게 거절당하는 실험을 진행했습니다. 그는 매일 낯선 사람에게 황당한 부탁을 하며 거절을 경험했죠. 처음엔 거절이 두려웠지만, 반복되자 중요한 사실을 깨달았어요. 거절은 그저 개인의 선택이며, 자신에 대한 평가나 부정이 아니라는 점이죠. 그는 이 경험을 통해 거절에 대한 두려움을 극복할 수 있었습니다.

심리학 용어로는 이를 '인지적 탈융합Cognitive defusion'이라고 합니다. 상대의 거절을 내 존재나 인격과 분리해서 생각하는 능력이죠. 예컨대 '내 제안이 거절당했으니 난 무능한 사람이야'라고 생각하기보다는 '이 제안이 상대에게 맞지 않았던 거지, 나라는 사람 자체를 거부한 게 아니야'라고 받아들이는 것입니다. 이는 정신적으로 건강한 반응을 이끌어 내요. 거절 하나에 상처받고 좌절하는 사람들은 바로 이 분리 능력이 부족한 경우가 많습니다.

심리학자 마크 리어리의 연구에 따르면, 사람들은 거절당했을 때 스스로를 과하게 비판하는 경향이 있습니다. 그는 이를 '거부 민감성Rejection sensitivity'이라고 부르며, 거절에 지나치게 민감한 사람들은 작은 거절에도 자기 비하, 우울, 불안이 커지고 이것이 오히려 관계를 악화시키는 원인이 된다고 지적했죠. 여기서 중요한 점은, 거절을 개인적인 게 아니라 상황적 요소로 인식하는 훈련을 통해 이러한 민감성을 줄일 수 있다는 겁니다.

<mark>거절은 그저 상대의 결정입니다. 상대의 결정에 지나치게 의미를 부여하고 상처받지 마세요.</mark> 타인은 타인의 생각과 판단으로 살아갑니다. 그들의 마음을 내가 전부 다 알 수도 없고, 그걸 통제할 수도 없어요. <mark>중요한 건 내가 나를 어떻게 바라보느냐입니다. 타인의 거절은 내가 틀렸거나 부족하거나 싫다는 의미가 아니라, 단지 그와 내 의견과 상황이 맞지 않았을 뿐이에요.</mark>

마지막으로 알프레드 아들러Alfred Adler의 가르침을 기억해 보세요. 아들러는 '과제의 분리'라는 개념을 통해 "타인의 과제는 타인에게 맡기고, 나는 나의 과제에만 집중해야 한다."고 강조했습니다. 타인의 결정이나 거절은 나의 과제가 아니에요. 그것은 상대의 문제이고, 내가 통제할 수 있는 영역 바깥에 있어요.

이와 유사한 통찰은 고대 스토아 학파의 철학에서도 찾아볼 수 있습니다. 스토아 학파의 철학자 에픽테토스Epictetus는 '통제 이분법Dichotomy of control'을 통해 우리가 통제할 수 있는 것과 없는

120

것을 구분하라고 가르쳤죠. 그는 우리가 통제할 수 있는 건 우리의 생각, 태도, 행동뿐이며, 타인의 반응이나 외부 상황은 우리의 통제권 밖에 있다고 봤습니다. 내가 누군가에게 도움을 요청했을 때 상대가 거절한다면, 그 거절은 상대의 선택이지 나의 통제 영역이 아니라는 거죠. 아들러와 에픽테토스의 가르침은 같은 메시지를 전합니다.

내가 통제할 수 있는 일에만 최선을 다하세요. 거절당했다고 상처받지 마세요. 중요한 건 부탁이든 제안, 도움 요청이든 내가 용기 내어 시도했다는 사실입니다. 거절당할 용기, 거절을 받아들일 용기, 그리고 다시 도전할 용기만 있다면, 우리는 어떤 상황에서도 흔들리지 않는 내면의 평온을 유지할 수 있습니다.

3장

성공과 성장의 기준을 리셋하다

나만의 속도와 방향 찾기

큰 성취에만 집착해 작은 성취는 무시해도 될까요? 결코 그렇지 않습니다. 앞으로 나아갈 동기를 얻고, 목표에 점점 더 가까이 다가가기 위해서는 작은 성취가 먼저 이루어져야 합니다. 그 성취 속에서 여유와 유연함, 창의력을 길러 가야 합니다.

우리는 성공과 성취에 대한 여러 고정관념을 가지고 있습니다. '언제나 플랜 A, 최선의 선택을 해야 한다', '멀티 태스킹도 능력이다'라며 숨 막히게 몰아붙이죠. '미래를 위해 현재의 희생은 감수해야 한다'라고 여기기도 합니다. 마흔은 새로운 시작의 기회입니다. 지금부터라도 잘못된 고정관념을 '리셋'해서 성공과 성장을 위한 새로운 마인드셋을 갖는 건 어떨까요.

작은 성취보다
큰 성취가 우선이다

"앞서가는 비결은 시작하는 것이다."

— 마크 트웨인 —

'큰 성취가 우선'이라는 말을 흔히 듣습니다. 거대한 목표를 세우고 그것을 이루기 위해 노력해야 의미 있는 성과를 얻을 수 있다는 주장이죠. 하지만 이는 성취 과정에 대한 오해에서 비롯된 시각이에요. 큰 성취는 결코 한 번에 이루어지지 않습니다. 오히려 작은 성취들이 차곡차곡 쌓일 때, 비로소 큰 성취로 이어지죠. 작은 성취는 단순히 사소한 성공이 아닙니다. 지속적인 동기부여와 성장을 가능하게 하는 핵심 요소지요.

사회심리학자 칼 웨이크 Karl E. Weick는 1984년 《미국심리학회지 American Psychologist》에 실린 영향력 있는 논문에서 '작은 성취 Small wins'의 개념을 소개하며, 이것들이 지속해서 쌓일 때 사람들은 더 큰 목표를 향해 나아갈 동기를 얻는다고 설명했습니다. 이는 작은 성취가 자기효능감을 높이고, 이를 통해 더 큰 도전에 대한 자신감을 갖게 된다는 뜻이죠.

목표 달성과 관련된 신경과학 및 심리학 연구에 따르면, 작은 목표를 설정하고 달성할 때마다 뇌에서 보상과 관련된 신경전달물질인 도파민이 분비되어 동기 부여와 자기효능감이 높아진다고 합니다. 또한, 심리학의 주요 이론인 목표 설정 이론Goal-setting theory에 따르면, 처음부터 지나치게 높은 목표보다는 적절히 도전적인 작은 목표를 지속해서 달성할 때 더 높은 성취율과 동기 유지가 가능합니다.Locke & Latham, 2002.

마틴 셀리그만Martin Elias Peter Seligman의 '학습된 무기력Learned Helplessness' 이론 역시 지나친 실패 경험이 반복될 경우 무력감을 학습하여 그 뒤로는 시도 자체를 하지 않게 될 위험이 크다고 경고하였습니다. 운동에서도 '자기 결정성 이론'에 따르면 개인의 자율적 동기를 유지하기 위해서는 작고 성취 가능한 목표를 지속해서 설정하는 것이 효과적이라고 알려져 있습니다.Deci & Ryan, 2000.

기업 경영에서도 작은 성취의 힘이 입증되었습니다. 테레사 아마빌레Teresa Amabile 교수는 작은 성취감이 업무 열의와 창의성을 높인다는 연구 결과를 발표했습니다. 조직 구성원이 일상 업무에서 작은 성취감을 끊임없이 느껴야 업무 열의와 창의성이 높아지고, 이것이 모여 결국 조직 전체의 성과 향상으로 이어질 수 있죠. 예를 들어, 토요타 자동차는 '카이젠Kaizen'이라는 철학을 통해 모든 직원이 지속해서 작은 개선점을 찾아 실행하도록 장려했고, 이러한 작은 성취들이 모여 세계적인 품질과 생산성을 달성하는 기반이 되었습니다. 이는 기업뿐만 아니라 개인에게도 적용됩니다. 거대한 목표를 향해 무리하게 달려가기보다, 작은 목표를 설정하고 이를 지속해서 달성하는 게 장기적인 성공을 이끄는 길이에요.

작은 성취의 힘

작은 성취가 중요한 이유는 습관 형성에도 영향을 미치기 때문입니다. 제임스 클리어James Clear의 『아주 작은 습관의 힘』에서는 '1%씩 개선'하는 작은 습관이 장기적으로 큰 변화를 만든다고 강조합니다. 클리어는 작은 성취가 뇌의 보상 시스템을 활성화해 도파민 분비를 유도하고, 이는 새로운 습관을 지속할 동기를 부여한다고 설명하죠. 예를 들어, 매일 5분씩 걷는 작은 목표를 달성하면 성취감이 쌓여 더 큰 운동 습관으로 확장될 가능성이 커집니다. 이 원리는 학습과 독서에도 적용돼요. '한 달에 책 10권 읽기'라는 목표를 세우면 시작부터 부담이 큽니다. 하지만 '매일

10분만 책 읽기'라는 작은 목표를 설정하면 실행 가능성이 훨씬 커집니다.

반대로 처음부터 너무 높은 목표를 설정하면 실패 확률이 높아집니다. 목표 설정 이론을 포함한 여러 연구가 입증하듯, 목표가 지나치게 높으면 좌절감으로 인해 포기하기 쉬워요. 따라서 현재 능력보다 약간 높은 수준의 목표가 가장 높은 성취율을 보인다고 해요 Locke & Latham, 2002. 목표가 너무 쉬우면 도전 의욕이 생기지 않고, 너무 어려우면 부담이 커지죠. 인간은 도전할 만한 수준의 목표를 설정해야 성취의 기쁨을 경험하고 지속적인 동기를 얻습니다.

조급함도 경계해야 합니다. 조급함은 좌절감을 높일 수 있기 때문이에요. 큰 성취를 우선하면 시작조차 못 하거나 중도 포기하기 쉽습니다. 마크 트웨인은 "앞서가는 비결은 시작하는 것이다."라고 말했습니다. 목표는 해낼 수 있는 수준보다 살짝 높은 정도가 가장 효과적입니다. 부담이 크지 않은 목표를 설정하고, 점차 확장해 나가는 것이 효과적인 성장 전략이에요.

작은 성취는 단순히 쉬운 목표를 달성하는 것이 아닙니다. 자신감을 키우고, 더 큰 도전을 가능하게 만드는 과정이에요. 처음부터 거창한 목표를 세우고 한 번에 이루려 하기보다, 작은 성공을 쌓아 가며 점진적으로 성장해 나가세요. 작은 목표를 달성할 때마다 우리는 스스로에게 '나는 해낼 수 있다'라는 확신을 심어 줄 수 있습니다.

조급해하지 마세요. 시작은 작아도 좋습니다. 작은 성공이 쌓여야 더 큰 도전에 나설 수 있으니까요. 실패하지 않을 수 있는 아주 작은 목표부터 실행하세요. 이불을 개는 것, 침대에서 빠져나오는 것, 1분간 걷는 것, 10분만 책을 읽는 것. 사소해 보이지만, 이것이 성취감을 느끼게 하고 동기를 부여합니다. 처음부터 높은 목표를 세우고 무리하게 도전하면 실패 확률만 높아져요. 작은 성취를 반복하며 자신을 강화하세요. 그것이 지속적인 성장의 길입니다.

베풀며 살면 손해다,
이기적이어야 성공한다

"성공의 사다리 꼭대기에도 '기버'가 있었다."
— 애덤 그랜트 —

냉정하고, 이기적인 사람이 더 많은 것을 차지하는 듯 보입니다. 경쟁에서 살아남으려면 내 것을 먼저 챙겨야 하고, 남을 돕다 보면 나만 손해 본다는 생각이 들 때도 있죠. 하지만 정말 그럴까요? '베풀면 손해'라는 말이 사실이라면, 왜 가장 성공한 사람 중 상당수가 기꺼이 나누는 삶을 실천하고 있을까요? 연구와 사례를 통해 살펴보면, 장기적으로 성공하는 사람들은 오히려 남을 돕는 데 인색하지 않다는 사실이 분명해집니다.

심리학자 애덤 그랜트가 언급했듯이 '기버', '테이커', '매처' 세 부류의 인간관계 유형에서 전략적으로 베푸는 기버가 가장 큰 성공을 이루었습니다. 베풀며 사는 게 손해라면, 왜 가장 영향력 있는 리더들은 기꺼이 나누는 삶을 선택할까요? 마이크로소프트 창업자 빌 게이츠Bill Gates는 빌&멀린다 게이츠 재단을 통해 전 세계의 교육과 보건 문제 해결에 집중하고 있습니다. 페이스북 창업자 마크 저커버그 역시 자신이 보유한 주식의 99%를 사회에 환원하겠다고 선언했죠. 이들은 자신이 가진 부를 나누면서도 여전히 세계에서 가장 강력한 영향력을 가진 인물들입니다. 베풀면 손해를 본다는 주장과는 전혀 다른 모습이죠.

이기적인 사람이 더 성공한다는 주장도 있습니다. 조직 내에서 이기적인 행동을 하는 사람들은 단기적으로는 성공하기 유리해 보이기도 하지만, 장기적으로는 신뢰를 잃고 협업 기회를 놓칩니다. 반면, 베푸는 사람들은 시간이 지날수록 더 많은 기회를 얻죠. 사람들은 결국 신뢰할 수 있는 사람과 일하고 싶어 해요. 이기적인 사람은 단기적으로는 승자가 될 수 있지만, 장기적으로는 조직 내에서 고립되고 맙니다.

베푸는 건 결코 손해가 아니다

심리학적으로도 베푸는 것이 손해가 아니라는 연구가 많습니다. 예를 들어, 미국심리학회가 발간한 《사회심리학 저널Journal of Personality and Social Psychology》에 발표된 연구에 따르면, 타인을 돕는 이

타적 행동은 단기적인 비용에도 불구하고 장기적으로 사회적 연결성을 강화하고 긍정적인 평판을 구축하여 개인의 웰빙과 성공에 기여할 수 있음을 시사합니다 Simpson et al., 2019. 또한, 2012년 영국의 자선구호단체 CAF Charities Aid Foundation에서 발표한 〈세계 기부 지수 World Giving Index〉 보고서에서도 기부 활동을 하는 사람들이 그렇지 않은 사람들에 비해 더 행복하다는 결과가 나타났습니다. 이 결과는 소득, 연령, 성별, 교육 수준과 관계없이 일관되게 관찰되었으며, 이는 인간이 타인을 돕는 과정에서 본질적인 보람과 심리적 만족을 경험한다는 점을 시사합니다. 베푸는 사람들은 단순히 사회적 평판을 얻는 것이 아니라, 자기 자신에게도 긍정적인 영향을 미칩니다.

뇌과학적으로도 베푸는 건 뇌의 보상 시스템을 활성화시킵니다. 2006년 세계적인 학술지 《PNAS Proceedings of the National Academy of Sciences》에 게재된 연구에서는 참가자들이 자선 단체에 기부할 때 뇌의 보상 관련 영역인 선조체와 내측 안와전두피질이 활성화된다는 결과를 보고했습니다 Moll et al., 2006. 이러한 뇌 영역은 금전적 보상이나 쾌락을 경험할 때 활성화되는 부위로, 이타적 행동이 본능적으로 긍정적인 감정을 유발하도록 설계되어 있음을 시사합니다.

니코스 카잔차키스 Nikos Kazantzakis의 소설 『그리스인 조르바』에 나오는 유명한 말이 있습니다.

"나를 구하는 유일한 길은 남을 구하려 애쓰는 것이다."

연세대 김주환 교수도 비슷한 말을 했죠.

"내가 행복해지는 유일한 방법은 남을 행복하게 해주는 것이다."

'베풀면 손해 본다'는 말은 절반만 맞습니다. 잘못된 방식으로 베풀면 손해를 볼 수 있어요. 하지만 전략적으로, 현명하게 베푸는 사람들은 결국 가장 많은 것을 얻습니다. 그것이 관계에서든, 경제적 성공에서든, 삶의 만족도에서든 마찬가지죠.

베풀며 사세요. 하지만 현명하게 베푸세요. 그러면 시간이 지나면서 더 많은 걸 돌려받을 겁니다. 베푸는 삶이 결국 가장 큰 성공과 행복을 가져다준다는 사실을 직접 경험하게 될 거예요.

언제나 플랜 A, 최선의 선택을 해야 한다

"실패는 있을 수 없는 일이다."

— 진 크란츠(아폴로 13호 항공 디렉터) —

우리는 흔히 최선의 선택이 최고의 결과를 가져올 거라 믿습니다. 플랜 A, 즉 가장 신중하게 내린 결정이기에 반드시 성공할 거라 기대하죠. 하지만 현실은 그렇지 않습니다. 인생에는 예측할 수 없는 수많은 변수가 있으며, 오히려 예상치 못한 선택들이 더 나은 길을 열어 주기도 해요.

류시화 작가는 『내가 생각한 인생이 아니야』에서 이렇게 말했습니다.

"인생은 길을 보여 주기 위해 길을 잃게 한다. 돌아가는 길투성이의 인생에서 뜻대로 되지 않는 일과 행복한 일은 동시에 일어난다. 플랜 A보다 플랜 B가 더 좋을 수도 있다, 가 아니라 더 좋다. 플랜 A는 나의 계획이고 플랜 B는 신의 계획이기 때문이다."

플랜 A가 무너질 때 우리는 절망하지만, 그 순간이 오히려 더 큰 가능성의 문을 여는 계기가 되기도 한다는 걸 잊지 마세요.

직선 길이 최단 시간, 최고의 결과를 보장하지 않습니다. 때때로 곡선, 구불구불한 길, 우회 길이 직선보다 더 빠르고 좋은 결과를 낳아요. 우리는 직선이 가장 효율적이라 믿지만, 앞날은 누구도 모릅니다. 지금 가는 길이 돌아가는 길처럼 보여도, 그 길이 결국 최선이 될 수 있어요. 멀리 돌아가는 것처럼 느껴진다고, 길을 잃은 것 같다고 절망하지 마세요.

플랜 A가 실패했다면
또 다른 길이 열려 있다

정책학자 찰스 린드블롬Charles Lindblom은 '점증주의Incrementalism의 사결정 모델'을 제시했습니다. 현실에서는 정책 결정이 한 번의 완벽한 계획(플랜 A)으로 이루어지기보다는, 기존 정책에서 약간의 수정을 가하는 일련의 작은 단계들(플랜 B, C…)을 거쳐 점진적으로 진행되는 경우가 많다는 것입니다. 예컨대 IBM이 메인 프레임 사업을 고집했다면 지금의 소프트웨어 강자가 되지 못했을 거예요. 넷플릭스가 DVD 대여 사업을 고수했다면 지금처럼 글로벌 스트리밍 기업이 될 수 있었을까요? 완벽한 계획을 고수하는 게 오히려 더 큰 실패를 가져올 수도 있습니다.

NASA의 아폴로 13호 미션도 예상치 못한 위기 상황에 대한 창의적인 문제 해결이 위대한 성공을 만들어 낸 사례입니다. 원래 달 착륙을 목표로 했으나, 산소 탱크 폭발로 인해 계획을 변경해 승무원들의 생환을 최우선 과제로 삼았죠. 생존을 위한 즉각적인 문제 해결 과정이 실행되면서 승무원 전원이 무사히 귀환했어요. NASA는 이를 '성공적인 실패 A Successful Failure'라고 평가했습니다. 처음의 목표가 반드시 끝까지 유지되어야 하는 건 아니에요. 중요한 건 상황에 맞게 적응하고 변화를 받아들이는 유연함입니다.

플랜 A를 밀어붙이는 게 최선이라고 착각하지만, 현실에서는 차선책이 더 좋은 결과를 가져오는 경우가 많아요. 그래서 인생은 살 만하죠. 중요한 건 완벽한 계획을 세우는 게 아니라, 변화에 적응하고 열린 마음으로 대안을 받아들이는 겁니다.

하나의 문이 닫혔다고 멈추지 마세요. 계속 두드리고, 또 다른 문도 찾아보세요. 그러면 반드시 새로운 문은 열립니다. 최선만 고집하지 마세요. 최선이 어려울 땐 차선도 고려하세요. 차선, 차차선을 선택하는 건 틀린 것도, 나쁜 것도 아닙니다. 단지 현실과의 절충일 뿐이죠. 모든 건 내 마음과 태도에 달려 있어요.

충분한 숙고를 거쳐 내린 결정이라면, 당시엔 그것이 최선의 선택입니다. 시간이 지나야 옳고 그름이 드러나죠. 우리는 선택을 옳게 만들어 가면 됩니다. 다시 말해, 선택 후 후회하는 게 아니라 그 선택을 통해 더 나은 길을 찾아가면 돼요.

아무것도 하지 않는 게 최악입니다. 플랜 A가 무너졌다고 좌절하거나 멈추지 마세요. 차선이든, 차차선이든, 어떤 길이라도 계속 걸어가세요. 인생엔 정답이 없습니다. 중요한 건 '어떤 선택이 최선인가?'가 아니라, '내가 선택한 길을 어떻게 최고의 길로 만들 것인가?'입니다.

올인해야
성공 확률이 높다

"전략은 자원의 효율적 배분이다."
— 피터 드러커 —

목표에 모든 걸 걸면 집중력이 강해지고, 그 힘으로 더 큰 성과를 얻을 수 있다고들 말합니다. 실제로 많은 성공 사례가 이를 증명하는 듯하죠.

그런데 정말 성공하기 위해서는 올인이 필수일까요? 반드시 한 가지에 모든 걸 걸어야만 원하는 결과를 얻을 수 있을까요? 그렇지 않습니다. 성공 확률을 높이는 방법은 올인이 아니라, 오히려 퇴로를 마련하고 출구 전략을 준비하는 거예요.

올인은 조급함을 만듭니다. 퇴로가 없는 상황에서는 심리적 압박이 극도에 달해 이성적인 판단을 하기 어려워요. 미국의 행동 과학 분야 학술지《Current Opinion in Behavioral Sciences》에 실린 연구에 따르면, 스트레스는 보상 평가를 왜곡시키고 장기적 안목보다 즉각적인 반응을 유도하여 의사결정의 질을 떨어뜨릴 수 있습니다.Porcelli & Delgado, 2017. 즉, 퇴로 없는 환경에서는 장기적인 안목을 가지기 어렵고, 당장의 문제 해결에 급급해지기 쉽지요.

실패했을 때 다시 일어설 기회가 없다는 점도 문제입니다. 올인은 성공하면 큰 성과를 가져오지만, 실패하면 모든 걸 잃을 위험을 감수해야 해요. 미국 중소기업청SBA에 따르면, 창업 후 5년 내 생존율은 약 50%입니다. 한편, 기존 직장을 유지하며 창업을 병행하는 것이 초기 재정적 안정성을 제공하여 창업 실패 위험을 줄이는 데 도움이 될 수 있다고 경영 관련 논의에서 자주 언급됩니다. 이는 올인한 사람보다 퇴로를 마련한 사람들이 더 오래 버틸 가능성이 크다는 의미로 해석할 수 있습니다.

배수진 전략 vs 퇴로를 남겨 두는 전략

마이크로소프트의 공동 창업자 빌 게이츠도 대학을 중퇴하며 창업에 뛰어들었지만, 무모한 올인을 한 건 아니었어요. 그는 이미 사업 아이디어를 검증했고, MITS와의 계약을 확보한 상태였죠. 이후 1980년에 IBM과의 계약을 통해 마이크로소프트의 성장에도 속도가 붙었습니다. 철저한 준비가 있었기에 그의 도전은 성공할 수 있었죠. 반면, 철저한 올인을 외쳤던 사람 중 대다수가 실패 이후 다시 일어설 기회를 얻지 못했습니다.

역사적으로도 배수진 전략이 항상 성공을 보장한 것은 아닙니다. 사마천의 『사기史記』에 나오는 한신韓信의 배수진 전술은 성공 사례로 자주 언급되지만, 같은 전략을 시도한 신립의 탄금대 전투(1592년)나 제갈량의 가정 전투(228년)는 패배하고 말았습니다. 퇴로 없는 싸움이 오히려 전멸로 이어진 경우도 적지 않죠. 반면, 이순신 장군은 명량해전에서 퇴로를 막지 않고, 울돌목의 좁은 해협을 활용해 적의 함대를 분산시키며 기회를 노렸습니다. 무조건 배수진을 치고 싸운 게 아니라, 퇴로를 남겨 두고 전략적으로 접근했어요.

퇴로를 남긴 사람들은 장기적으로 더 나은 성과를 냅니다. 《하버드 비즈니스 리뷰Harvard Business Review》에 실린 여러 연구와 기사(예: Edmondson, 2018)에 따르면, 심리적 안전감은 창의성과 혁신을 촉진하며 팀의 문제 해결 능력을 높이는 데 기여해요. 퇴로를 준비한 사람이 더 여유를 가지고 전략을 짜고, 냉정한 판단을 내릴 수 있다는 거죠. 마찬가지로, 심리적 안전감은 직장에서의 스트레스를 줄이고 혁신과 성과를 높이는 데도 기여합니다.

경제적 안정망 역시 중요해요. 금융 설계 원칙에 따르면, 재정적 보험과 같은 경제적 안정망은 리스크를 완화하고 장기적인

재무 계획에 긍정적인 영향을 미칩니다. 생계가 급박하면 단기적인 성과에 집착할 수밖에 없고, 이는 장기적인 관점에서 최선의 선택을 방해할 가능성이 크죠. 투자도 올인을 경계해야 할 대표적인 예입니다. 모든 계란을 한 바구니에 담지 말라는 말이 괜히 나온 게 아니죠. 하나가 무너지면 다른 게 완충 역할을 해 줘야 무사히 어둠의 시간을 지나갈 수 있어요.

결국 중요한 건 무조건적인 올인이 아니라 전략적인 접근입니다. 퇴로를 남기고, 출구를 준비하며, 다양한 시도를 병행하면서 점진적으로 확장하는 게 더 안정적이고 현실적이죠. 마윈도 알리바바를 설립하기 전 여러 번의 실패를 겪었지만, 다양한 시도를 병행하며 경험을 쌓아 결국 성공적인 복귀를 이루어 냈어요. 만약 그가 한 가지 사업에만 모든 걸 걸었다면, 그에게 두 번째 기회는 없었을지도 모릅니다.

무조건 올인하는 게 정답이 아닙니다. 한 가지에 모든 걸 걸고 극단적인 배수진을 치는 대신, 퇴로를 확보하고 여러 가능성을 열어 두는 게 더 나은 선택이 될 수 있어요. 경제적, 심리적 안정이 있어야 더 냉정한 판단을 내릴 수 있으며, 실패했을 때도 다시 일어설 기회를 가질 수 있습니다.

장점을 키우기보다
단점을 보완하라

"탁월한 사람은 약점을 보완하는 데
시간을 낭비하지 않는다."
— 피터 드러커 —

　사람들은 종종 약점을 보완하는 게 더 나은 사람이 되는 길이라고 믿습니다. 부족한 부분을 채우고 실수를 줄이면 지금보다 더 완전해질 거라 기대하죠. 우리는 학창 시절 성적표에서 점수가 낮은 과목을 보충하라는 조언을 듣고, 직장에서는 약점을 극복하는 게 중요한 자기계발이라고 들어 왔어요. 언뜻 보면 타당한 이야기 같습니다. 하지만 이 접근법에는 치명적인 오류가 있어요. 약점을 보완하는 데 집중하면 결국 평범한 사람에 그칠 뿐이라는 사실이죠.
　세계적인 심리학자 마커스 버킹엄 Marcus Buckingham과 도널드 클리

프턴Donald Clifton은 『위대한 나의 발견, 강점 혁명』에서 강점을 활용하는 게 성과를 높이는 가장 효과적인 방법이라고 강조했습니다. 그들은 약점을 보완하는 데 시간과 노력을 쏟는 것보다 강점을 키우는 것이 훨씬 더 큰 성장을 가져온다고 주장했죠. 연구 결과도 이를 뒷받침합니다. 갤럽Gallup의 광범위한 연구에 따르면, 자신의 강점을 매일 활용하는 직원들은 그렇지 않은 직원들보다 업무에 훨씬 더 몰입하고 생산성도 더 높은 경향이 있습니다. 반면, 약점을 보완하는 데 주로 집중하는 것은 성과 향상에 미치는 영향이 상대적으로 적을 수 있습니다.

약점 보완만이 최선은 아니다

우리는 흔히 약점을 보완하면 더 완벽해질 거라 생각합니다. 하지만 이는 착각입니다. 완벽함만을 추구하다 보면 오히려 개성을 잃고 평범한 사람이 돼요. 한 학생이 있다고 가정해 볼까요. 그는 글쓰기에 뛰어난 재능이 있지만 수학이 약해요. 만약 이 학생이 수학을 보완하는 데 시간 대부분을 투자한다면 어떻게 될까요? 수학 점수를 올릴 수는 있을지 몰라도, 그 과정에서 글쓰기 실력을 갈고닦을 기회를 잃어버립니다.

하버드 교육대학원의 토드 로즈Larry Todd Rose 교수는 저서 『평균의 종말』에서, 개인의 잠재력은 평균이라는 잣대로 측정될 수 없으며, 각자의 고유한 강점과 개성을 발휘할 수 있는 환경이 중요하다고 주장했습니다. 이는 모든 사람을 평균에 맞추려는 접근법이 오히려 개인의 특별한 재능과 잠재력을 제한할 수 있음을 시사합니다.

약점을 보완하는 데 집중하면 남들과 비슷해질 뿐입니다. 반면, 강점을 극대화하면 대체 불가능한 존재가 돼요. NBA 농구선수인 스테판 커리^{Stephen Curry}를 보세요. 그는 키가 작고, 체격도 뛰어나지 않아 수비력이 약하다는 평가를 받았습니다. 만약 그가 자신의 약점을 보완하는 데 집중했다면? 아마도 여전히 평균적인 선수로 남았을 거예요. 하지만 그는 강점인 3점 슛을 극한으로 연마했고, 결국 역대 최고의 3점 슈터가 되었습니다.

기업도 마찬가지입니다. 애플이 모든 전자제품을 만드는 데 집중했다면, 지금의 애플이 존재했을까요? '혁신적인 디자인과 사용자 경험'이라는 강점에 집중했기에 지금의 자리에 오를 수 있었던 게 아닐까요? 테슬라^{Tesla}는 자동차 산업의 기존 규칙을 따르기보다, 자율 주행과 전기차라는 강점을 극대화하는 길을 택했습니다. 그 결과, 단점을 보완하려 했던 기존 자동차 회사들이 주춤하는 사이, 테슬라는 시장을 뒤흔들었죠. 강점에 집중하는 게 곧 차별화입니다. 모든 사람이 모든 것을 평균적으로 잘하려 한다면, 결국 누구도 눈에 띄지 않아요. 하지만 강점을 극대화하면, 우리는 유일한 존재가 될 수 있습니다.

물론 약점을 무시하라는 말이 아니에요. 하지만 약점을 보완하는 데 지나치게 집중하면, 우리가 가진 자원을 잘못된 방향으로 낭비할 위험이 큽니다. 심리학자이자 행동경제학자인 대니얼 카너먼Daniel Kahneman은 『생각에 관한 생각』에서 인간은 이득보다 손실에 더 민감하게 반응하는 '손실 회피 편향Loss aversion bias'이 있으며, 이는 잠재적 실패나 약점을 줄이는 데 과도하게 집착하는 심리로 이어질 수 있음을 시사합니다.

실제로 많은 사람이 자신의 단점을 보완하기 위해 끝없는 시간과 노력을 투자합니다. 하지만 그 결과는 어떨까요? 피아노를 전혀 못 치는 사람이 수년간 연습한다고 해서 피아니스트가 될 수 있을까요? 반면에 원래부터 음악적 재능이 뛰어난 사람이 연습을 하면 어떤 결과가 나올까요? 같은 시간과 노력을 들여도, 강점을 키우는 게 훨씬 더 효과적입니다.

'조직 효과성Organizational effectiveness'에 관한 여러 연구는 직원들의 강점을 파악하고 이를 활용하는 역할 배정이 팀 성과와 조직 전체의 생산성을 향상시키는 데 기여할 수 있음을 보여 줍니다. 강점을 극대화하는 전략이 단순히 약점을 보완하는 것보다 더 큰 긍정적 효과를 가져올 수 있다는 것이죠.

세계적인 경영학자 피터 드러커는 『자기경영노트』에서 "탁월한 성과를 내는 사람은 자신의 강점을 활용하며, 약점을 보완하는 데 시간을 낭비하지 않는다."라고 강조했습니다. 약점을 조금씩 줄이는 데 집중하면, 우리는 결국 비슷한 능력을 가진 수많은 사람 속에 묻혀 버려요. 하지만 강점을 날카롭게 벼리면, 대체 불가능한 존재가 되죠. 세상은 평균적인 사람을 기억하지 않습니다. 특출나고 뾰족한 사람을 기억해요.

어떤 길을 선택하겠어요? 모든 걸 조금씩 잘하는 평균적인 사람? 아니면 강점을 극대화해 누구도 따라올 수 없는 존재? 결국 선택은 하나입니다. 강점을 벼리고 벼리세요. 그것이 여러분을 '온리 원'으로 만들 겁니다.

성공하려면 열심히 노력하는 게 답이다

"사람들은 1년 안에 할 수 있는 일을 과대평가하고,
10년 안에 할 수 있는 일을 과소평가한다."

— 빌 게이츠 —

물론 노력은 필수입니다. 아무것도 하지 않으면서 성공을 바라는 건 어불성설이죠. 하지만 단순히 열심히만 한다고 성공이 보장되는 건 아니에요. 그렇다면 무엇이 더 필요할까요?

노력보다 중요한 다섯 가지

하나, 노력보다 중요한 건 올바른 방향입니다. 바람이 아무리 세게 불어도 돛을 잘못 조정하면 엉뚱한 곳으로 흘러가죠. 마찬가지로 잘못된 방향으로 열심히 달리면 원하는 목적지가 아닌 전혀 다른 곳에 도착해요. 경영 컨설턴트 피터 드러커는 효과성 Effectiveness(올바른 일을 하는 것)이 효율성 Efficiency(일을 올바르게 하는 것)보다 우선되어야 함을 강조합니다. 아울러 "가장 쓸모없는 일은 효율적으로 처리되어서는 안 될 일을 하는 것"이라고 말합니다. 노력은 반드시 전략적인 방향성과 함께 가야 해요.

스탠퍼드대학교의 심리학자 캐럴 드웩은 '성장 마인드셋' 연구를 통해 단순히 열심히 하는 게 아니라, 실패로부터 배우고 도전을 통해 능력을 발전시킬 수 있다고 믿으며 '어떻게' 배우고 성장하느냐가 더 중요하다고 말합니다. 같은 노력을 해도, 비효율적인 방식으로 반복하는 사람과 지속적인 피드백을 통해 방향을 수정하며 배우는 사람 사이에는 큰 차이가 생깁니다. 전자는 '나는 최선을 다했어'라고 생각하며 결과에 좌절하기 쉽지만, 후자는 '나는 더 나아질 수 있어'라고 생각하며 과정을 통해 성장해요.

둘, 노력은 반드시 효율적이어야 합니다. 심리학자 앤더스 에릭슨 Anders Ericsson의 연구에 따르면, 단순한 반복이나 시간 투자는 전문성 향상을 보장하지 않아요. 성공하는 사람들은 자신의 한계를 명확히 인지하고, 구체적인 목표를 설정하며, 집중적인 노력과 즉각적인 피드백을 통해 약점을 개선하는 '의식적인 연습 Deliberate Practice'을 합니다. 에릭슨의 연구는 말콤 글래드웰에 의해 '1만 시간의 법칙'으로 대중화되었지만, 에릭슨 자신은 단순한 시간 투자가 아니라 연습의 '질', 즉 제대로 된 방법으로 연습하는 게 핵심이라고 강조했죠. 예컨대 똑같이 피아노 연습을 하더라도 단순히 1만 시간을 치는 것과 약점을 파악하고 집중적으로 보완하며 1만 시간을 치는 건 전혀 다른 결과를 낳습니다.

셋, 경쟁력이 있는 방식으로 노력해야 합니다. 성공하는 사람들은 단순한 노력보다는 차별화된 노력을 합니다. 이를 '레버리지^{Leverage}(지렛대 효과)'를 활용한다고도 해요. 높은 성과를 내는 사람들은 단순한 근면 성실$^{Hard\ Work}$을 넘어, 자원과 시간을 효과적으로 활용하고 우선순위를 정하며 스마트하게 일하는 방식$^{Smart\ Work}$을 추구하는 경향이 있습니다. 전 세계 백만장자들을 연구한 토머스 스탠리$^{Thomas\ J.\ Stanley}$는 『이웃집 백만장자』에서, 부를 축적한 사람들의 공통점으로 단순히 높은 소득보다는 철저한 예산 관리, 절제, 꾸준한 투자 등 '현명한 재정 관리 습관'과 '장기적인 안목'을 강조했습니다. 단순히 열심히 일하는 것뿐만 아니라 어떻게 전략적으로 행동하는지가 중요하다는 겁니다.

넷, 노력은 꾸준해야 합니다. 많은 사람이 성급하게 성과를 기대하다가 중도에 포기해요. 성공은 지속적인 반복과 인내에서 나옵니다. 빌 게이츠는 "사람들은 1년 안에 할 수 있는 일을 과대평가하고, 10년 안에 할 수 있는 일을 과소평가한다."라고 말한 것으로 알려져 있죠. 성과가 바로 나타나지 않는다 해도 조급해할 필요가 없습니다. 중요한 건 단기적인 노력보다 장기적인 관점에서 지속적인 성장을 추구하는 거예요.

다섯, 사람들과의 연결과 협업도 노력의 일부입니다. 단순히 개인적인 노력이 아니라, 좋은 인맥과 협력 관계를 구축하는 것도 성공의 중요한 요소예요. 사회학 및 네트워크 이론 연구들은 개인의 성공에 사회적 관계망Social network의 구조와 질이 중요한 영향을 미친다는 점을 보여 줍니다. 누구와 함께하느냐, 그리고 어떻게 협력하느냐도 성공을 결정짓는 중요한 요소입니다.

그렇다면 결론은 무엇일까요? 노력은 중요합니다. 하지만 단순한 노력만으로는 부족해요. 올바른 방향, 효율적인 방법, 차별화된 전략, 지속적인 인내, 그리고 협력하는 태도까지 갖춰야 합니다. 성공한 사람들은 누구보다 열심히 했어요. 게다가 그냥 열심히 한 게 아니라, '제대로' 열심히 했죠.

성공은 방향 없는 무작정 노력의 결과가 아니라, 올바른 전략을 동반한 꾸준한 실행의 결과입니다. 그러니 이제부터 "나는 열심히 하고 있어."라는 말 대신, "나는 제대로 노력하고 있는가?"를 스스로에게 자주 물어보세요.

실패할 것 같으면
피하는 게 상책이다

"성공하는 사람들이 평범한 사람들보다
잘하는 것이 있다면, 실패다."

― 보도 섀퍼 ―

위험을 최소화하고, 안정적인 길을 선택하는 게 더 현명한 선택이라는 생각이 들기도 합니다. 하지만 역사를 보면, 실패를 두려워하지 않았던 사람들이 결국 세상을 바꿨어요.

실리콘밸리의 기업가들 사이에는 "빠르게 실패하고, 더 빠르게 배워라 Fail fast, learn faster."라는 말이 널리 퍼져 있습니다. 이는 단순한 구호가 아니에요. 실제로 많은 혁신 기업이 실패를 두려워하기보다, 실패를 성장의 과정으로 받아들이고 있습니다. 테슬라, 스페이스X SpaceX, 뉴럴링크 Neuralink 등 혁신적인 기업을 이끌고 있는 일론 머스크 Elon Musk가 대표적인 사례죠. 그는 실패할 가능성이 크다는 사실을 알면서도 끊임없이 도전했습니다. 테슬라의 초기 모델들은 기대에 못 미쳤고, 스페이스X의 처음 세 번의 로켓 발사는 실패하고 말았죠. 하지만 그는 실패에서 배우고 멈추지 않았어요. 네 번째 시도에서 마침내 로켓 발사에 성공하며 우주 산업의 패러다임을 바꿔 놓았습니다.

실패를 두려워하는 게 아니라, 실패 속에서 배우는 게 중요합니다. 리더십 전문가 존 맥스웰^{John C. Maxwell}은 『인생 성공의 법칙』에서 실패를 성공으로 가는 과정으로 보아야 한다고 강조했어요. 그리고 "실패는 성공의 반대가 아니라, 성공의 일부"라는 메시지를 통해, 실패를 통해 얻은 교훈이 더 큰 성취로 이어질 수 있다고 강조합니다.

《하버드 비즈니스 리뷰》나《매니지먼트 사이언스^{Management Science}》같은 저널에 실린 연구들은 초기 창업 실패 경험과 후속 창업 성공 간의 관계를 탐구해 왔습니다. 일부 연구 결과는 초기 실패를 통해 얻은 학습과 경험이 다음 도전의 성공 확률을 높일 수 있음을 보여 줍니다.

실패를 성공의 자산으로 만드는 비법은 따로 있다

노벨상을 수상한 대니얼 카너먼은 사람들이 손실(실패)에 대한 두려움 때문에 잠재적 이익(성공)보다 손실 가능성에 더 민감하게 반응하여, 결과적으로 더 많은 기회를 놓치는 경향이 있다고 설명했어요. 그는 이를 '손실 회피 편향'이라고 명명하며, 사람들이 실패할 가능성이 있는 기회를 지나치게 회피하는 경향이 있다고 말했죠. 따라서 이 편향을 인지하고 실패 가능성을 감수해야만 더 큰 성취를 이뤄 낼 수 있습니다.

그렇다면 우리는 실패를 어떻게 바라봐야 할까요? 하나, 실패를 단순한 '실패'로 보지 말고, 실험과 학습의 과정으로 받아들여야 합니다. '실패'를 학습의 일부로 받아들이는 심리적 안전감 Psychological safety이 보장되는 조직이 더 혁신적이고 지속 가능한 성장을 이룹니다.

둘, 실패를 통해 얻은 경험을 기록하고 분석하는 습관을 들여야 합니다. 실패는 단순한 좌절이 아니라, 무엇이 효과가 없고 무엇을 개선해야 하는지에 대한 귀중한 피드백이 되어야 해요.

셋, 실패를 두려워하기보다, 오히려 작은 실패를 적극적으로 경험하는 게 필요합니다. '작은 실패'를 통해 배운 교훈은 더 큰 실패를 막아 주는 예방 접종 역할을 해요.

보도 섀퍼 Bodo Schafer는 『보도 섀퍼의 이기는 습관』에서 이렇게 말했습니다.

"성공하는 사람들이 왜 자신의 성공을 행운으로 돌리는지 아는가? 겸손해서가 아니라, 정말 운이 따랐기 때문이다. 실패를 거듭하다 보니, 때론 실패하지 않는 운을 얻은 것이다. 성공하는 사람들이 평범한 사람들보다 잘하는 것이 있다면, 실패다."

실패하면 정말 끝일까

우리는 흔히 실패를 두려워합니다. 실패하면 끝이라고 생각하죠. 정말 그럴까요? 실패는 언제나 부정적인 것일까요? 그렇지 않습니다. 실패는 오히려 성장의 촉진제가 될 수 있어요. 물론, 실패를 극복하지 못하고 무너질 때도 있지만, 제대로 활용하면 실패는 강력한 자산이 됩니다.

독일 철학자 프리드리히 니체^{Friedrich Nietzsche}는 『우상의 황혼』에서 "나를 죽이지 못하는 것은 나를 더 강하게 만든다."라고 말했습니다. 이는 단순한 격언이 아닙니다. 실제로 심리학과 경제학에서 이를 뒷받침하는 연구 결과들이 많이 나와 있죠. 심리학에 '회복탄력성'이란 개념이 있어요. 회복탄력성이 높은 사람들은 실패나 역경을 겪더라도 다시 일어나고, 더 강해지는 경향이 있습니다. 그들은 실패를 두려워하지 않습니다. 실패를 성장의 기회로 보는 마음을 지녔죠. 심리학자 마틴 셀리그만은 긍정 심리학과 회복탄력성 연구를 통해, 인간이 실패와 좌절을 극복하는 과정에서 심리적으로 더 강인해질 수 있음을 강조합니다.

경제학자 나심 탈레브^{Nassim Taleb}는 어떤 시스템은 적당한 스트레스, 변동성, 실패를 겪을 때 오히려 더 강해질 수 있다는 '안티프래질^{Antifragile}' 개념을 제시했습니다. 그는 이를 바람이 촛불은 끄지만 모닥불은 더 크게 만드는 현상에 비유하며, 어떤 시스템(인간 포함)은 충격이나 스트레스에 의해 오히려 더 강해진다고 설명했습니다. 이처럼 적절한 수준의 실패와 역경은 인간과 시스템을 더 강하게 만들고, 더 나은 적응을 이끌 수 있어요.

예를 들어, 2019년 노스웨스턴대학교 연구팀이 과학자와 예술가, 기업가들을 대상으로 분석한 결과, 초반의 실패가 반드시 나쁜 것만은 아니며, 실패 후에도 꾸준히 시도하면 오히려 장기적으로 더 큰 성공을 거둘 수 있음을 시사했습니다^{Wang et al., 2019. 《Nature》}. 실패를 통해 얻은 교훈과 끈기가 중요한 역할을 한다는 거죠.

하지만 실패가 언제나 긍정적인 건 아닙니다. 재기 불능 수준의 실패는 사람을 완전히 무너뜨릴 수 있어요. 니체의 말이 항상 맞는 게 아니란 거죠. 실패가 반드시 강한 사람을 만드는 건 아니며, 감당할 수 없는 실패는 오히려 사람을 소진시키고 무기력하게 만들기도 합니다.

중요한 건 리스크 관리^{Risk Management}입니다. 실패를 무조건 피하는 것도, 무모하게 모든 도전에 뛰어드는 것도 정답이 아니에요. 성공적인 기업가들은 도전할 때 항상 '감당할 수 있는 실패'를 고려합니다. 따라서 자신이 감당할 수 있는 손실$^{\text{Affordable loss}}$을 고려하고 계산된 위험을 관리하는 경향이 있습니다.

실패를 피할 수는 없지만, 실패의 규모를 조절하는 건 가능합니다. 하나, 실패를 시뮬레이션하세요. 실패했을 때 어떤 결과가 나올지 예상하고 대비하는 게 중요합니다. 스타트업 업계에서는 에릭 리스$^{\text{Eric Ries}}$가 제안한 '린 스타트업$^{\text{Lean Startup}}$' 방식이 널리 활용되는데, 이는 큰 리스크를 만나기 전에 '최소 기능 제품$^{\text{MVP, Minimum Viable Product}}$'을 통해 시장 반응을 먼저 살피고 학습하는 방식이에요.

둘, 감당 가능한 범위 내에서 도전하세요. 인생을 걸 만한 거대한 실패보다, 작지만 의미 있는 실패를 통해 배우는 게 훨씬 효과적입니다.

셋, 실패에서 배우는 태도를 가지세요. 실패 자체보다, 실패 이후의 태도가 더 중요합니다. 실패를 분석하고, 교훈을 얻고, 다음 도전에 적용하는 과정이 필요해요.

실패는 사람을 '녹슬게' 할 수도 있고, '단련'시킬 수도 있습니다. 차이는 실패를 어떻게 받아들이고 활용하는가에 달려 있죠. 무조건 실패를 두려워할 필요도 없고, 실패를 무모하게 받아들일 필요도 없어요. 중요한 건 '실패를 어떻게 다룰 것인가'입니다. 실패가 나를 더 강하게 만들 것인지, 나를 무너지게 할지는 온전히 내 선택에 달려 있습니다.

멀티태스킹도 능력이다

"생산성이란 더 많이, 더 빨리 일하는 것이 아니라,
내가 의도한 일을 해내는 것이다."
— 크리스 베일리 —

단순히 '양'만을 기준으로 생산성을 평가하는 건 위험한 착각입니다. 실제로 높은 생산성은 '얼마나 많은 일을 했는가'보다 '얼마나 의미 있는 일을 했는가'에 달려 있어요.

많은 사람이 멀티태스킹이 생산성을 높여 준다고 믿습니다. 하지만 이는 과학적으로 반박된 지 오래죠. 스탠퍼드대학교 연구진은 잦은 멀티태스킹이 인지 제어 능력을 저하시킬 수 있음을 보여 주었으며 Ophir, Nass, & Wagner, 2009, 그 밖의 여러 연구에서도 작업 전환으로 인해 업무 처리 속도가 느려지고 오류 발생 가능성이 커짐을 확인했습니다. 인간의 뇌는 한 번에 여러 가지 일을 효율적으로 처리하도록 설계되지 않았습니다. 우리가 멀티태스킹을 한다고 생각하는 순간, 사실은 두 가지 이상의 일을 빠르게 전환하는 것에 불과하죠. 이 과정에서 인지적 피로가 쌓이고 집중력이 분산되며, 오히려 더 비효율적인 결과를 낳습니다. 요즘처럼 스마트폰 알림과 SNS가 끊임없이 주의를 빼앗는 환경에서는 더더욱 단일 작업 Single-tasking에 집중하는 게 효과적인 방법이에요.

요한 하리 Johann Hari의 『도둑맞은 집중력』에서도 비슷한 문제의식이 제기되죠. 주의가 산만해진 현대인들은 깊은 사고와 몰입의 경험을 점점 잃어가고 있습니다. '바쁘게 사는 것'과 '생산적으로 사는 것'은 달라요. 무작정 많은 일을 처리하려고 하다 보면, 정작 중요한 일에 집중하지 못하고 시간만 허비하게 됩니다. 크리스 베일리 Chris Bailey는 『불안한 마음을 줄여드립니다』에서 "생산성이란 더 많이, 더 빨리 일하는 것이 아니라, 내가 의도한 일을 해내는 것"이라고 말해요. 예컨대 내가 30분 동안 강물을 바라보며 사색하기로 결심했고, 그것을 온전히 해냈다면, 그것은 버려진 시간이 아니라 매우 생산적인 시간이라는 겁니다.

잘못된 생산성에 집착하면 오히려 불안을 키우고, 불안은 다시 생산성을 떨어뜨리는 악순환을 만들어요. 과도한 업무 부담과 스트레스는 뇌의 인지 능력을 감소시키며, 창의력과 문제 해결 능력을 저하시킬 수 있습니다. 이와 반대로, 적절한 휴식과 재충전이 업무 집중도와 생산성 향상에 긍정적인 영향을 미칩니다.

바쁘게 사는 게 능률적일까

자기계발 전문가 스티븐 코비는 『성공하는 사람들의 7가지 습관』에서 "바쁘게 움직이는 것이 생산적인 것이 아니다. 중요한 일에 집중하지 않으면 아무리 열심히 일해도 의미 있는 결과를 얻기 어렵다."고 말했죠. 바쁜 일정 속에서도 불필요한 일에 시간을 쏟고 있다면, 진정한 생산성과는 거리가 멀어질 수밖에 없어요. 우리는 무작정 스케줄을 채우기보다는, 정말 중요한 일에 집중하고 의미 있는 결과를 만드는 데 시간을 투자해야 합니다.

불필요한 바쁨과 분주함을 '높은 생산성'으로 착각하지 마세요. 가득 찬 일정이 능률적인 삶을 의미하지 않아요. 스위스 심리학자 카를 구스타프 융 Carl Gustav Jung은 그의 자서전 『기억, 꿈, 사상』 등에서 외부의 소음과 분주함 속에서 내면의 목소리를 듣기 어려워짐을 시사하며, 진정한 자기 이해와 성찰은 고요한 내면과의 만남에서 비롯될 수 있음을 강조했습니다. 진짜 생산성을 위해서는 조용히 사색할 수 있는 시간이 반드시 필요해요. 쉴 때는 제대로 쉬고, 일할 때는 몰입해야 합니다.

현대 사회는 자극에 익숙해져 있습니다. SNS의 푸시 알림, 끊임없는 메시지, 넘쳐나는 정보 속에서 우리의 집중력은 갈수록 약해지고 있죠. 이런 환경 속에서 생산성을 높이려면 '자극 금식 Digital detox'이 필요합니다. 하루라도 스마트폰을 멀리하고, 단순한 환경에서 깊이 있는 생각을 해 보세요. 조용한 공간에서 독서를 하거나, 아무 목적 없이 산책해 보는 것도 좋은 방법입니다.

생산성은 숫자로 측정되는 게 아니에요. '오늘 하루 몇 가지 일을 끝냈나?'가 아니라, '오늘 정말 의미 있는 일을 했나?'로 평가해야 합니다. 24시간이 꽉 찬 일정이 아니라, 깊이 있는 몰입과 충분한 휴식을 통한 균형이 진짜 생산성을 만들죠. 조급해하지 말고, 제대로 쉬면서 집중하는 법을 익혀 보세요.

실패의 가장 큰 원인은 나에게 있다

"제대로 될 때까지 계속 실패해라.
그것이 성공에 이르는 길이다."

— 제임스 다이슨 —

많은 사람이 자기반성을 강조하며 실패의 원인을 자신에게서 찾으라고 합니다. 물론 스스로를 돌아보고 개선하려는 태도는 중요하죠. 하지만 모든 실패를 내 탓으로 돌리는 게 반드시 바람직한 태도는 아닙니다.

심리학에 '지나친 자기 비난 self-blame'이라는 개념이 있어요. 이는 실패나 부정적인 사건의 원인을 과도하게 자신에게 돌리는 경향, 즉 내부 귀인 internal attribution 을 의미합니다. 특히 우울증 환자들에게서 두드러지게 나타나죠. 지나치게 자기 책임을 강조하면, 정작 해결해야 할 근본적인 문제를 놓치기 쉬워요. 실패에는 내부 요인과 외부 요인이 함께 작용합니다. 내부 요인은 내가 컨트롤할 수 있는 것들이지만, 외부 요인은 내 통제 밖의 영역에 있죠. 따라서 이를 무시하고 모든 걸 내 잘못으로만 돌리는 건 비합리적입니다.

예컨대 2008년 금융위기 때 많은 사람이 일자리를 잃었어요. 개인의 실력이 부족해서가 아니라, 경제 시스템의 붕괴라는 외부 요인이 작용했죠. 만약 그들이 '모든 게 내 탓이야. 내가 무능해서 직장을 잃었어'라고만 생각했다면, 이는 사실과 맞지 않습니다. 반대로 '이건 전부 정부와 기업의 탓이야'라고만 여긴다면 역시 책임을 회피하는 거죠. 내외부 요인을 정확히 파악하는 게 중요해요. 아울러 '이 상황에서 내가 배울 점은 무엇인가? 해결책은 무엇인가?'를 고민하는 게 필요합니다.

심리학자 마틴 셀리그먼은 학습된 무기력과 관련하여 '설명 스타일Explanatory Style' 개념을 제시했습니다. 그는 사람들이 부정적인 사건을 해석하는 방식이 다음과 같이 크게 세 가지 차원(3P)으로 나뉜다고 했죠.

개인화 Personalization

내부적	vs	외부적
("이건 전부 나로 인해 일어난 결과야.")		("이건 내 잘못만은 아니야. 여러 요인이 작용했어.")

영속성 Permanence

| 영구적 ("나는 원래 실패하는 사람이야.") | vs | 일시적 ("이번에는 운이 안 좋았을 뿐이야.") |

파급성 Pervasiveness

| 전반적 ("내가 하는 모든 일이 다 안 돼.") | vs | 특정적 ("이 일에서는 실패했지만, 다른 부분에서는 잘하고 있어.") |

실패를 개인적(내부적)이고, 영구적이며, 전반적인 것으로 해석하는 비관적 설명 스타일은 우울감과 무기력을 초래하기 쉬워요. 반면, 성공적인 사람들은 실패를 외부적(또는 균형적), 일시적, 특정적인 것으로 해석하는 경향(낙관적 설명 스타일)이 있습니다. 이처럼 실패를 지나치게 자기 책임으로만 해석하는 건 문제 해결에 도움이 되지 않을 뿐 아니라, 정신 건강에도 좋지 않습니다.

실패를 무조건 외부 탓으로 돌리는 것도 문제입니다. 외부 환경이 영향을 미친 건 사실이지만, 그 안에서도 내가 할 수 있는 부분이 반드시 존재해요. 이를 무시하면 스스로 변화하고 성장할 기회를 잃습니다. 중요한 건 언제나 균형이에요.

성공과 실패를 바라보는 균형 감각

실패를 통해 성공으로 나아간 사례는 많습니다. 영국의 발명가 제임스 다이슨James Dyson은 자기 이름을 내건 브랜드를 만들어 수많은 실패를 딛고 성공을 거둔 대표적인 인물이죠. 그는 사이클론 기술을 활용한 먼지 봉투 없는 진공청소기를 개발하는 과정에서 5,000개가 넘는 프로토타입 실패를 경험했어요.

다이슨은 실패를 자신의 부족함으로만 돌리지 않고, 기술적 문제와 시장의 요구를 객관적으로 분석하며 끊임없이 개선점을 찾아냈습니다. 약 15년간의 노력 끝에 1993년 첫 제품을 출시했고, 이는 영국 시장에서 큰 성공을 거두며 다이슨을 글로벌 브랜드로 성장시켰죠. 다이슨은 혁신적인 제품들을 지속해서 출시하며 글로벌 가전 기업으로 자리 잡았어요. 다이슨의 사례는 실패를 객관적으로 분석하고 이를 통해 배움을 얻는 게 성공으로 이어질 수 있음을 보여 줍니다.

심리학자 브레네 브라운은 자신의 연구와 저서를 통해 실패에서 배우려는 자세는 필요하지만, 지나친 자기 비난은 수치심으로 이어져 성장의 걸림돌이 될 수 있음을 강조합니다. 실패의 원인을 정확히 분석하는 건 의미 있지만, 지나치게 자기 책임으로만 돌리면 무기력과 좌절에 빠질 수 있어요.

그렇다면 실패를 어떻게 받아들여야 할까요? 하나, 실패의 원인을 객관적으로 분석하세요. 내 책임과 외부 요인을 구분하고, 내가 바꿀 수 있는 것에 집중하세요.

둘, 실패를 성장의 기회로 삼으세요. 단순한 좌절이 아니라, 배울 점을 찾는 과정으로 활용하세요.

셋, 지나친 자기 비난과 외부 탓 사이에서 균형을 찾으세요. 모든 실패를 자기 잘못으로만 돌리면 불필요한 죄책감과 무기력에 빠질 수 있고, 외부 환경 탓만 하면 자기 발전의 기회를 놓칩니다.

성공하는 사람들은 균형 감각을 갖고 있습니다. 지나친 자기 책임과 지나친 외부 탓 사이에서 균형을 유지하세요. 내 책임과 외부 요인을 구분하고, 내가 바꿀 수 있는 것에 집중하세요. 실패의 원인을 객관적으로 분석하고 문제를 해결할 방법을 찾는 게 중요해요. 실패를 겪을 때, '나는 왜 이럴까?' 하고 자책하기보다는 '어떻게 하면 다음번에는 더 나아질까?'를 고민하세요. 그렇게 하면 실패는 더 이상 걸림돌이 아니라 디딤돌이 될 겁니다.

미래를 위해
현재의 희생은
감수해야 한다

"미래는 현재의 수고를 마냥 고마워하지는 않는다."
— 대니얼 길버트 —

미래의 성공을 위해 지금 참고 희생해야 한다고 믿는 사람들이 적지 않습니다. 너무 쉽게 '나중에'를 위해 '지금'을 희생하곤 하죠. 더 나은 직장을 얻기 위해, 더 좋은 집을 사기 위해, 더 안정된 노후를 위해 현재를 희생하는 게 당연하다고 여깁니다. 하지만 그 과정에서 정말 중요한 걸 놓치고 있지는 않을까요?

하버드대학교 심리학과 교수인 대니얼 길버트는 '정서 예측Affective forecasting'에 관한 연구를 통해 사람들이 미래의 행복을 과대평가하는 경향이 있다고 밝혔습니다. 그의 연구에 따르면, 사람들은 미래의 특정 사건(예: 목표 달성)이 가져올 행복의 강도와 지속 기간을 실제보다 더 크게 예측하는 경향^{Impact bias}이 있습니다. 우리는 미래의 보상을 상상하며 현재를 희생하지만, 그 미래가 반드시 우리를 기대만큼 만족시켜 줄 거라는 보장은 없어요.

미국의 심리학자 필립 짐바르도^{Philip Zimbardo}는 '시간 관점 이론^{Time Perspective Theory}'을 통해 사람들이 시간을 바라보는 방식이 삶의 만족도에 큰 영향을 미친다고 주장했습니다. 그는 시간을 다섯 가지 주요 관점으로 나눴어요.

- **과거-긍정 중심형**   과거의 즐거웠던 경험을 회상하며 현재를 긍정적으로 해석함.
- **과거-부정 중심형**   과거의 고통스러웠던 경험에 얽매여 현재를 부정적으로 인식함.
- **현재-쾌락 중심형**   즉각적인 즐거움을 추구하며 현재를 살아감.
- **현재-숙명론 중심형**   미래는 정해져 있다고 믿으며 현재에 안주함.
- **미래 중심형**   미래의 목표 달성을 위해 현재를 계획하고 노력함.

그의 연구에 따르면, 미래 중심형 사고를 지닌 사람들은 성공 가능성이 크지만, 현재의 즐거움을 놓치거나 미루는 경향 때문에 삶의 만족도는 상대적으로 낮은 경향이 있었습니다. 미래를 위해 현재를 끊임없이 희생하면서도, 막상 그 미래가 다가오면 또다시 다음 미래를 준비하느라 행복을 경험하지 못하는 거죠.

고생 끝에 정말 낙이 올까?

흔히 "고생 끝에 낙이 온다."라고 말합니다. 그런데 문제는 고생 끝에 낙이 정말 오는지 확실하지 않다는 거예요. "대학 가면 행복할 거야." "취업하면 행복할 거야." "집을 사면 행복할 거야."라고 말하지만, 정작 그 순간이 오면 또 다른 목표를 향해 나아가야 한다고 느끼죠. 이는 '쾌락 적응 Hedonic Adaptation' 현상과 관련이 있습니다. 고전적인 연구에 따르면, 로또에 당첨된 사람들도 처음에는 큰 행복을 느끼지만, 시간이 지나면 다시 원래의 행복 수준으로 돌아가는 경향이 있다고 합니다 Brickman et al., 1978.

'하버드 성인 발달 연구'는 1938년부터 80년 이상 724명의 삶을 추적하며 그들의 삶과 후회를 기록했어요. 연구 책임자인 로버트 월딩거 Robert Waldinger와 마크 슐츠 Marc Schulz는 많은 사람이 '인간관계에 충분한 시간과 노력을 기울이지 않은 것'과 '자신에게 진실하지 못했던 삶' 등을 후회한다고 밝혔습니다. 이는 성공과 미래를 위해 현재의 관계와 진정한 자기 자신을 소홀히 한 사람들이 결국 삶의 말년에 깊은 후회를 느낄 수 있음을 보여 줍니다.

'미래를 위해 현재를 희생해야 한다'라는 믿음은, 사실 우리가 배워 온 사회적 프레임일지도 모릅니다. 이 프레임을 벗어나 생각하세요. 물론 계획을 세우고 준비하는 건 중요해요. 하지만 그것이 '지금'을 무시하는 이유가 되어서는 안 됩니다.

목표 성취를 위해선
잠도 줄여야 한다

"나는 항상 하루 7시간 이상 자려고 한다."

— 세레나 윌리엄스 —

"성공하려면 잠을 줄여야 한다." "하루 3시간만 자도 충분하다." 이런 말들을 한 번쯤 들어보셨을 거예요. 특히 한국 사회에서는 과거 대학 입시를 앞둔 학생들에게 '3당 4락'이라는 말이 유행하던 시절이 있었습니다. 3시간 자면 수능에 합격하고 4시간 자면 떨어진다는 의미로, 잠을 줄이는 게 성공의 지름길이라는 믿음을 심어 주는 말이었죠. 안타깝게도 이는 의학적으로도, 뇌과학적으로도 터무니없는 주장이에요. 건강과 효율적인 삶을 위해서는 오히려 충분한 수면이 필수 요소이며, 잠을 줄이는 건 어리석고 위험한 선택입니다.

우리가 잠자는 동안 뇌에서 일어나는 일

우선, 수면이 건강에 얼마나 중요한지부터 살펴보죠. 세계보건기구^{WHO}와 미국 수면재단^{Sleep Foundation} 등 건강 기관들은 일반적으로 성인의 적정 수면 시간을 하루 7~9시간으로 권장합니다. 여러 대규모 연구 및 메타 분석에 따르면, 지속해서 하루 6~7시간만 잠을 자는 경우 수면 부족으로 인해 심혈관 질환, 당뇨병, 비만 등의 위험이 증가하고 전반적인 사망률도 높아질 수 있다는 결과가 일관되게 나타나고 있습니다^{Cappuccio et al., 2010,《Sleep》}. 이는 수면 부족이 단순히 피로를 넘어 생명에 직접적인 위협이 될 수 있음을 보여 줍니다. 건강의 3대 요소로 꼽히는 수면, 음식, 운동 중에서도 수면이 가장 중요한 이유는 바로 우리 몸과 뇌가 재충전되고 회복되는 시간을 제공하기 때문이에요. 수면은 단순히 '쉬는 시간'이 아니라, 신체가 스스로를 치유하고 다음 날을 준비하는 필수적인 과정입니다.

잠을 자는 시간에 아주 중요한 일이 벌어집니다. 자는 동안 뇌 속 노폐물을 청소하는 시스템이 활성화되어 뇌척수액을 통해 뇌에서 발생한 찌꺼기, 즉 베타-아밀로이드와 같은 노폐물이 제거되는 청소 작업이 이뤄져요. 《사이언스》 저널에 실린 연구^{Xie et al., 2013}에 따르면, 이 과정은 수면 중 뇌의 '글림프 시스템^{Glymphatic}

system'이 활성화되면서 이루어지며, 뇌 건강을 유지하는 데 필수적이라고 합니다. 잠을 줄여 이 활동이 제대로 이뤄지지 않는다면, 어떤 일이 벌어질까요? 여러 연구에 따르면 만성적인 수면 부족은 뇌 안에 베타-아밀로이드가 쌓이게 만들어 알츠하이머병 발병 위험을 증가시킬 수 있습니다. 미국 국립노화연구소[NIA]도 수면 부족이 치매 위험을 높이는 주요 요인 중 하나라고 경고하죠. 결국, 잠을 줄이는 건 단순히 피로를 넘어 치매와 같은 심각한 건강상의 문제를 초래할 가능성을 높이는 위험한 행동입니다.

수면이 뇌 기능에 미치는 영향도 무시할 수 없어요. 신경과학 분야의 많은 연구가 수면이 기억력과 학습 능력에 직접적인 영향을 미친다고 밝히고 있습니다. 예를 들어,《생리학 리뷰[Physiological Reviews]》에 실린 논문에 따르면, 깊은 수면(특히 서파 수면과 REM 수면)에 빠졌을 때 뇌는 하루 동안 학습한 정보를 정리하고 장기 기억으로 저장해요[Rasch & Born, 2013]. 수면 부족은 이 과정을 방해하여 기억력 저하와 집중력 감소를 초래합니다.

예컨대 수능 시험을 준비하는 학생이 밤을 새워 공부한다고 가정해 보죠. 3시간만 자고 억지로 책상에 앉아 외운 내용은 뇌에 제대로 저장되지 않습니다. 피로로 인해 시험 당일 집중력이 떨어져 실수를 연발할 가능성이 커지죠. 이는 '3당 4락'이라는 말이 얼마나 비과학적인지 잘 보여 줍니다.

실제로 수면 부족이 학습과 업무 효율에 미치는 부정적인 영향을 입증하는 사례는 많습니다. 연구들에 따르면, 수면이 부족한 사람들은 충분히 잔 사람들에 비해 주의력, 반응 시간, 문제 해결 능력 등 다양한 인지 기능 테스트에서 수행 능력이 유의미하게 저하되는 경향이 있습니다. 이는 수면이 단순히 몸을 쉬게 하는 데 그치지 않고, 뇌가 더 효율적으로 작동하도록 돕는다는 증거입니다. 공부나 일을 더 잘하고 싶다면, 잠을 줄이는 대신 충분히 자는 게 훨씬 더 현명한 선택이에요.

성공은 충분한 수면에서 시작한다

1986년 챌린저 우주왕복선 폭발 사고는 사고 조사 과정에서 엔지니어들의 과도한 업무량과 장시간 근무로 인한 피로 누적이 사고의 요인 중 하나로 고려되기도 했습니다. 물론, 사고의 기술적인 주된 원인은 O-링 결함으로 밝혀졌습니다. 사고 조사 보고서는 당시 의사결정 과정에서의 문제점을 지적하며, 과로와 스트레스 환경이 판단력에 영향을 미쳤을 가능성을 시사했습니다. 이 사례는 수면 부족과 만성 피로가 단순히 개인의 건강을 해치는 데 그치지 않고, 중요한 판단에 영향을 미쳐 더 큰 재앙을 초래할 수 있음을 보여 줍니다. 건강을 해치며 해야 할 일은 이 세상에 아무것도 없습니다. 성공을 위해 잠을 줄여야 한다는 믿음은 잘못된 신화일 뿐이에요.

테니스 선수 세레나 윌리엄스 Serena Williams는 과거 인터뷰 등에서 충분한 수면이 경기력 유지에 중요한 요소라고 강조한 바 있습니다. 구글의 전 CEO 에릭 슈밋 Eric Schmidt도 "나는 항상 하루 7시간 이상 자려고 한다. 충분한 수면은 복잡한 문제를 해결하는 데 필요한 명확한 사고를 가능하게 해 준다."라며 수면의 중요성을 언급한 바 있습니다. 이처럼 세계적인 성공을 거둔 인물들조차 수면의 중요성을 강조하고 있어요.

'3당 4락'과 같은 말이 통용되던 시절만 해도 수면의 중요성이 제대로 알려지지 않았지만, 지금은 그렇지 않습니다. 여러 조사 결과에 따르면, 한국 성인의 평균 수면 시간은 권장 시간보다 부족한 경향이 있으며, 이로 인해 피로, 스트레스, 우울증 같은 문제가 늘어날 수 있다는 우려가 제기됩니다. 특히 수능을 준비하는 학생들에게는 충분한 수면이 더욱 중요해요. 많은 교육 및 심리학 연구가 청소년기의 충분한 수면이 학업 성취도와 긍정적인 관련이 있음을 보여 줍니다. 잠을 줄이면 성적은 오르지 않고 떨어진다는 사실을 잊지 마세요.

수면 부족이 가져오는 또 다른 문제는 감정 조절 능력의 저하입니다. 《세계기분장애학회지》에 실린 여러 연구 및 메타 분석에 따르면, 만성적인 수면 부족이 불안 및 우울 증상을 경험할 확률을 높이는 것으로 나타났습니다예: Baglioni et al., 2016. 잠을 줄여 가며 억지로 일하거나 공부를 하면, 스트레스가 쌓이고 감정 기복이 심해져 효율이 떨어질 수 있죠. 다시 말해, 건강한 몸과 마음이야말로 성공의 가장 중요한 기반입니다. 잠자는 시간을 줄이는 건 어리석은 선택일 뿐만 아니라, 최악의 결정이에요.

충분한 수면은 단순히 건강을 지키기 위해서만이 아니라, 더 나은 삶을 위한 필수 조건이에요. 하루 7~9시간의 수면은 우리의 뇌를 더 똑똑하게 만들고, 감정을 안정시키며, 신체를 회복시킵니다. 성공을 위해 잠을 줄여야 한다는 낡은 믿음은 이제 버리세요. 잠을 충분히 자는 것이야말로 자기 관리의 첫걸음이자, 더 효율적이고 건강한 삶을 위한 가장 현명한 선택입니다. 여러분도 오늘 밤, 편안한 마음으로 잠자리에 들어 보세요. 충분한 수면이 가져다주는 놀라운 변화를 직접 경험할 겁니다.

한 우물만
깊이 파면 된다

"우리에게는 눈앞에 집중하는 개구리와
멀리 보는 새가 둘 다 필요하다."
— 데이비드 엡스타인 —

과거에는 이 말이 성공의 공식으로 통했습니다. 한 분야에서 전문성을 쌓아 최고가 되는 스페셜리스트가 인정받는 인재로 여겨졌기 때문이죠. 하지만 더 이상 이 공식은 통하지 않습니다. 오늘날 세상은 점점 더 빠르게 변하고 있으며, 각 분야의 경계가 무너지고 있어요. 이 분야에서 저 분야로 자유롭게 넘나드는 다재다능한 인재, 즉 스페셜리스트이면서 제너럴리스트인 인재를 세상이 요구하고 있죠. 앞으로 이 흐름은 더욱 심화될 겁니다. 하나의 우물을 깊게 파는 것만으로는 부족해요. 깊게 파되, 동시에 넓게도 파야 합니다.

175

AI 시대를 이끌어 갈 새로운 인재상

현대 사회에서 경계가 무너지고 있다는 증거는 이미 우리 주변에서 쉽게 찾아볼 수 있습니다. 최근 맥킨지McKinsey와 같은 글로벌 컨설팅 기업의 보고서들은 미래의 인재상으로 다양한 기술과 지식을 융합하고, 변화에 빠르게 적응하는 능력을 강조하는 경향을 보입니다. 이는 단순히 한 분야의 전문성을 넘어, 여러 분야를 연결하고 새로운 가치를 창출하는 능력이 중요해졌음을 보여줍니다.

예컨대 일본의 미디어 아티스트 오치아이 요이치Ochiai Yoichi는 기술, 예술, 과학을 융합하여 독창적인 작품을 만들어 냈습니다. 그는 도쿄대학교에서 컴퓨터 과학 박사 학위를 취득했지만 음악, 미디어 아트, 심지어 생물학 분야까지 넘나들며 활동합니다. 그는 인터뷰 등에서 종종 "나는 한 가지 분야에만 머물러 있지 않는다. 기술과 예술, 과학을 융합하면 새로운 가능성이 열린다."라고 이야기하며 경계 없는 탐구를 강조합니다. 또한 2022년 도쿄에서 열린 전시회에서 AI와 홀로그램 기술을 활용해 관객이 음악과 빛으로 상호작용하는 작품을 선보여 전 세계적으로 큰 주목을 받았습니다. 그는 스페셜리스트이면서 제너럴리스트, 즉 현대판 '르네상스 맨'의 대표적인 사례입니다.

이런 흐름은 단순히 엘리트 계층에만 국한되지 않아요. 여러 연구 및 경력 개발 관련 분석에 따르면, 다양한 역량을 갖추고 여러 부서나 프로젝트와 협업할 수 있는 다재다능한 직원이 그렇지 않은 직원보다 더 나은 경력 성과(승진, 연봉 인상 등)를 얻는 경향이 있다고 합니다. 특히 데이터 분석 능력과 효과적인 커뮤니케이션 능력, 창의적 문제 해결 능력 등을 함께 갖춘 인재에 대한 수요가 높다는 분석이 많습니다. 이는 현대 직장 환경이 더 이상 한 가지 기술만으로는 성공을 보장하지 않는다는 점을 잘 보여 줍니다.

여러분이 데이터 분석가라고 가정해 보죠. 엑셀과 파이썬을 능숙하게 다루는 건 기본이에요. 여기에 스토리텔링 능력을 더해 데이터를 설득력 있게 전달할 수 있다면, 여러분의 가치는 한층 더 높아집니다. 하나의 우물을 깊게 파는 것에서 멈추지 말고, 다른 우물도 넓게 파야 하는 이유가 바로 여기에 있습니다.

예컨대 벤저민 프랭클린Benjamin Franklin은 미국 독립 선언문의 기초를 닦은 정치가이자 외교관으로 잘 알려져 있지만 작가, 과학자, 발명가, 인쇄업자, 철학자로서도 혁신적인 업적을 남겼습니다. 프랭클린의 다재다능함은 한 분야에 국한되지 않고 여러 영역을 넘나드는 통섭적 사고에서 비롯되었죠.

현대 사회에서도 프랭클린과 같은 다재다능한 정신이 필요합니다. 특히 마흔이라는 나이에 접어들며 경력 정체를 느낀다면 프랭클린의 사례가 큰 영감을 줄 수 있습니다. 그는 사십 대 이

후에도 새로운 도전을 멈추지 않았습니다. 예를 들어, 사십 대 중반에 전기 연구를 시작했고, 칠십 대에도 외교 활동으로 미국 독립을 이끌었습니다. 이는 나이와 상관없이 새로운 분야에 도전하고, 스페셜리스트로 시작하되 제너럴리스트로 확장하는 자세가 성공의 열쇠임을 보여 줍니다. 현대 사회에서도 이런 르네상스 맨의 정신이 필요합니다.

제너럴리스트는 저절로 되지 않는다

그렇다면 어떻게 해야 다재다능한 인재가 될 수 있을까요? 먼저 자신의 강점, 즉 핵심 무기 하나는 반드시 장착해야 합니다. 예컨대 여러분이 글쓰기에 강점이 있다면, 그 능력을 전문가 수준으로 끌어올리는 게 첫걸음이죠. 하지만 여기서 멈추지 말아야 합니다. 다른 무기를 추가해야 해요. 이를테면 글쓰기라는 강점에 데이터 분석, 외국어, 심리학적 통찰을 더해 보세요. 링크드인과 같은 플랫폼의 최근 직무 동향 보고서를 보면, 미래에 수요가 높을 것으로 예상되는 역량으로 적응성, 비판적 사고, 협업 능력과 함께 여러 기술을 융합하고 활용하는 능력을 강조하고 있습니다. 이는 하나의 강점을 기반으로 다른 분야를 넓게 학습해야 한다는 뜻이에요.

다재다능함을 추구하는 과정에서 전반적인 교양을 쌓는 것도 중요합니다. 일부 연구에서는 폭넓은 학습이나 교양 교육 경험이 창의적 문제 해결 능력 향상과 관련이 있을 수 있음을 시사합니다. 예컨대 철학을 공부하면 논리적 사고가 깊어지고, 음악을 배우면 감정 표현력이 풍부해지죠. 다양한 분야에 관심을 갖고 학습하는 건 단순히 지식을 늘리는 데 그치지 않습니다. 여러분을 대체 불가능한 인재로 만들어 주죠. 과거에는 팔방미인이라는 말이 다소 가벼운 뉘앙스를 풍겼지만, 오늘날에는 다재다능함이야말로 생존의 필수 조건이 되었습니다.

이 모든 이야기가 여러분에게 던지는 메시지는 명확합니다. 우물을 깊게만 파지 말고, 깊고 넓게 파세요. 자신의 핵심 강점을 갈고닦는 건 기본입니다. 그 위에 새로운 도구들을 하나씩 추가해 보세요. '타이탄의 도구들'을 모아 가듯, 여러분만의 무기를 다채롭게 장착해 보세요. 현대판 '폴리매스 Polymath(박식한 사람)', 르네상스 맨이 되기 위해 오늘 한 걸음 내디뎌 보세요. 여러분이 깊고 넓게 판 우물은 절대로 마르지 않을 겁니다.

포기하면 실패자,
낙오자다

> "어렵다는 것은 저도 알고 있습니다.
> 우리는 그 어려움을 이겨 낼 방법을 찾을 것입니다."
> ― 제프 베이조스 ―

포기하면 실패자, 낙오자라는 시선이 두려워 우리는 종종 멈추지 못합니다. 포기는 나약함의 상징처럼 여겨지며, 무조건 끝까지 가야 한다는 강박에 시달리기도 하죠. 특히 오랜 시간 공들인 일이라면 더욱 그렇습니다. 하지만 정말 그럴까요? 그렇지 않습니다. 때로는 멈추는 것이 더 나은 선택일 수 있습니다. 아니, 멈춰야만 할 때가 분명히 있습니다.

우리가 해 볼 수 있는 범위 내에서 최선을 다했음에도 불구하고, '이건 아니다' 싶은 확신이 든다면 거기서 멈추는 용기가 필요합니다. 그 길은 어쩌면 처음부터 내 길이 아니었을 수 있어요.

세상에는 우리가 아직 발견하지 못한 길이 무수히 많습니다. 무조건 시작했으니 끝을 봐야 한다는 생각, 어쩌면 그것이 우리를 더 깊은 수렁으로 밀어 넣는 관성일지도 모릅니다. 아닌 줄 알면서도 그저 붙들고 있는 건 미련함에 가깝습니다. 영민하게 상황을 판단하고 움직여야 합니다.

때로는 포기도 전략이다

이것을 저는 '전략적 포기'라고 부르고 싶습니다. 그럴듯한 포장이나 말장난이 아니에요. 더 나은 기회를 잡기 위해, 혹은 더 큰 손실을 막기 위해 현재의 경로를 수정하는 현명한 판단입니다. 저명한 경영 사상가 세스 고딘 Seth Godin은 『더 딥』에서 이러한 개념을 설득력 있게 제시합니다. 그는 성공으로 가는 길에는 필연적으로 넘어야 할 고비, 즉 '딥Dip'이 있지만, 어떤 길은 아무리 노력해도 성공에 이를 수 없는 막다른 길, 즉 '컬드색Cul-de-Sac'이라고 말합니다. 중요한 것은 이 둘을 구별하여, '딥'이라면 인내하며 돌파하고, '컬드색'이라면 과감히 포기할 줄 아는 지혜가 필요하다고 강조하죠. 그는 "전략적 포기는 성공하는 사람들의 비밀"이라고까지 말합니다. 마치 체스 경기에서 다음 수를 위해 때로는 말을 포기하는 전략이 필요하듯, 삶에서도 현명한 후퇴가 더 나은 결과를 가져올 수 있습니다.

이런 관점에서 보면, '포기'라는 단어는 사실 적절치 않습니다. 오히려 새로운 가능성을 향한 '종료', '전환', 혹은 '재정비'라고 부르는 것이 더 본질에 가깝습니다.

심리학과 행동경제학에서는 우리가 잘못된 결정에 계속 매달리는 경향을 설명하는 개념들이 있습니다. 대표적인 것이 '매몰 비용 오류Sunk cost fallacy' 혹은 '결정 고착화Escalation of commitment'입니다. 이미 투자한 시간, 노력, 비용이 아까워서 현명하지 못한 선택임을 알면서도 그만두지 못하는 심리적 함정을 뜻하죠. 예를 들어, 재미없는 영화를 보면서도 '이미 표를 샀으니 끝까지 봐야 한다'라고 생각하는 심리가 바로 그것입니다. 1976년 조직 행동 연구의 권위자인 배리 스토Barry M. Staw 교수가 발표한 연구 이후 이 개념은 꾸준히 증명되어 왔습니다. 예를 들어, 성공 가능성이 희박해 보이는 프로젝트에 이미 많은 자원을 투입했다는 이유만으로 추가 투자를 결정하는 기업의 사례가 여기에 해당합니다.

개인의 삶에서도 마찬가지예요. 몇 년간 준비한 시험, 전망 없어 보이는 사업, 맞지 않는 인간관계 등에서 우리는 이미 들인 시간과 노력이 아까워 쉽게 돌아서지 못하곤 합니다. 하지만 매몰비용은 이미 되돌릴 수 없는 과거일 뿐, 미래의 결정에 영향을 주어서는 안 됩니다. 오히려 잘못된 길에 계속 자원을 낭비하는 것이 더 큰 손실을 초래할 뿐이죠.

전략적 포기의 필수 요건

그렇다고 오해는 금물입니다. 무엇이든 간 보는 식으로 살짝 해 보고 금방 쉽게 그만두라는 말이 아니에요. 그것이야말로 깊이 없는 시도이며, 어쩌면 진짜 '포기'일 수 있습니다. 전략적 포기가 의미를 지니려면, 스스로 인정할 만큼 충분한 노력과 시간을 투입하는 과정이 선행되어야 합니다. 객관적인 정보 수집과 진지한 성찰을 통해 '이 길은 내 길이 아니다' 혹은 '더 이상 나아갈 수 없다'라는 합리적인 판단에 이르렀을 때, 그때의 멈춤이 바로 전략적인 선택이 되는 것이죠. 이 과정에서의 노력과 고민의 깊이는 결국 자기 자신이 가장 잘 알 것입니다.

아마존의 창업자 제프 베이조스가 월스트리트의 안정적인 직장을 그만두고 온라인 서점 사업에 뛰어든 것도 유명한 사례입니다. 그는 훗날 '후회 최소화 프레임워크 Regret minimization framework'를 통해 당시 결정을 설명했는데, 시도하지 않았을 때의 후회가 실패했을 때의 후회보다 훨씬 클 것이라 판단했기에 과감히 '포기'하고 새로운 도전을 선택할 수 있었다고 하죠. 이는 단순한 충동이 아니라, 깊은 고민 끝에 내린 전략적 전환이었습니다.

캐나다 콘코디아대학교의 카르스텐 브로슈 Carsten Wrosch 교수를 비롯한 연구진은 성취하기 어려운 목표를 포기하는 능력, 즉 '목표 재조정 능력 Goal adjustment capacity'이 오히려 정신적, 신체적 건강에 긍정적인 영향을 미칠 수 있다는 연구 결과를 발표했습니다. 도달 불가능한 목표에 계속 집착하는 것은 스트레스 호르몬인 코르티솔 수치를 높이고 염증 반응을 증가시키는 등 건강에 해로울 수 있지만, 현실적으로 목표를 수정하거나 포기하고 새로운 목표를 추구하는 능력은 웰빙과 더 밀접한 관련이 있다는 것입니다. 실패자, 낙오자라는 외부의 시선이 두려워 스스로를 해치는 길을 계속 걷는 것은 어리석은 일입니다. 포기의 기준은 타인의 평가가 아닌, 자신의 내면에 두어야 합니다.

스스로에게 솔직하게 질문해 보세요. '지금 내가 가고 있는 이 길이 정말 내가 원하는 길인가?', '이 어려움은 극복할 가치가 있는 어려움인가?', '만약 이 길을 멈춘다면, 나는 무엇을 새롭게 시도할 수 있을까?' 이런 질문들을 통해 내면의 목소리에 귀 기울이는 과정이 필요합니다. 내가 모든 노력을 기울였고, 충분히 고민했으며, 객관적인 상황 판단을 마쳤을 때, 지금 멈추는 것이 더 나은 미래를 위한 합리적인 선택이라는 결론에 이르렀다면, 그 결정을 존중해 주세요. 그것은 패배가 아니라, 더 나은 삶을 향한 용기 있는 방향 전환입니다. 수많은 길 앞에서 잠시 멈춰 서서 다른 길을 택하는 것, 그것은 당신의 소중한 삶을 위한 현명한 선택이 될 수 있습니다. 남의 시선이나 사회적 통념에 얽매이지 마세요. 여러분의 삶은 오롯이 여러분의 것입니다.

4장

삶의 의미와 태도를 리셋하다

유연하게 세상을 대하는 지혜

 수의사로 평범하게 진료만 하던 시절, 만약 제가 "튀지 말라."라는 조언을 따랐다면 지금과 같은 삶은 없었을 것입니다. 하지만 그 모난 행동 덕분에 책을 쓰는 작가가 되고 사람들 앞에 서는 강연자가 될 수 있었어요.
 많은 사람이 눈에 보이는 성과, 숫자로 증명되는 결과를 행복의 잣대로 삼아 살고 있습니다. 하지만 성공은 보이지 않는 곳에서 만들어지며, 삶은 때론 우리에게 전혀 다른 길을 보여 줍니다. 실패조차도 축복의 얼굴을 숨기고 다가오죠. 마흔, 이제는 삶을 대하는 태도와 자세를 '리셋'해야 할 때입니다.

삶의 의미나 목적 없이
살아도 괜찮다

"인간은 자신의 삶이 더 큰 의미를
지니고 있다고 믿을 때 더 깊은 행복을 느낀다."
― 마틴 셀리그만 ―

그냥 흘러가는 대로 살며 큰 고민 없이 지내는 것이 편하다고 생각할 수 있습니다. 저 역시 한때 그런 생각을 했어요. 의미를 찾으려 애쓰다 오히려 지칠 바에야, 굳이 목적을 세우지 않고 사는 것이 더 나은 삶일지도 모른다고 여겼죠. 하지만 그렇게 살아보니 한 가지 분명해졌어요. 삶의 목적이 없으면 생기도, 방향도, 버틸 힘도 없어진다는 사실입니다. 의미 없는 삶은 결국 공허함만 남깁니다.

정신과 의사 빅터 프랭클은 저서 『죽음의 수용소에서』를 통해 "삶이 견디기 힘든 건 환경 때문이 아니라 삶의 의미와 목적이 없기 때문"이라는 메시지를 전했습니다. 그는 강제 수용소에서 극한의 고통을 겪으면서도 살아남은 사람들을 연구하며, 삶의 의미가 있는 사람이 더 높은 생존율을 보였다는 사실을 밝혀냈죠. 목적 없는 삶은 삶 자체를 버거운 것으로 만듭니다.

연구 결과도 같은 결론을 내립니다. 2019년 미국의사협회 저널인 《JAMA 네트워크 오픈JAMA Network Open》에 발표된 연구에 따르면, 삶의 목적 점수가 높은 사람들은 모든 원인으로 인한 사망률이 상대적으로 낮았으며, 특히 심혈관 질환 관련 위험이 감소했습니다Cohen, Bavishi, & Rozanski, 2016. 또한, 미국 《심리학 저널Psychological Science》에 게재된 연구에 따르면, 삶에 대한 강한 목적의식을 가진 사람들은 그렇지 않은 사람들보다 장기적으로 볼 때 사망률이 유의미하게 낮았습니다Hill & Turiano, 2014. 삶의 목적이 신체적 건강에도 영향을 미친다는 의미입니다.

삶의 목적은 단순한 동기 부여의 문제가 아닙니다. 목표 설정 이론의 창시자 중 한 명인 에드윈 로크Edwin A. Locke의 연구에 따르면, 구체적이고 도전적인 장기 목표를 설정한 사람들은 그렇지 않은 사람들보다 더 높은 성과를 냅니다Locke & Latham, 2002. 목표가 있는 사람들은 스트레스를 효과적으로 관리하고 도전적인 상황에서도 집중력을 유지하는 반면, 목표가 없는 사람들은 우울감을 느끼거나 인생의 방향을 잃고 방황하는 비율이 높죠. 방향이 없는 배가 표류하듯, 목적 없는 삶도 정처 없이 흔들릴 수밖에 없습니다.

삶의 의미와 목적은 정신 건강에도 영향을 미칩니다. 2020년 국제 학술지인 《중개 정신의학 Translational Psychiatry》에 발표된 연구에 따르면, 삶의 의미와 같은 심리적 요인은 우울증의 심각도를 낮추고, 스트레스 대처에 있어 회복탄력성을 높이는 데 기여할 수 있습니다.Ho et al., 2020 삶에 목적이 있을 때 사람은 극한의 시련도 이겨 낼 수 있습니다. 철학자 니체는 "왜 살아야 하는지를 아는 사람은 어떤 상황도 견딜 수 있다."라고 말했죠.

인간은 본능적으로 의미를 찾는 존재입니다. 심리학자 마틴 셀리그만은 행복을 구성하는 다섯 가지 요소를 제시하며(PERMA 모델), 그중 하나로 의미 Meaning를 꼽았죠. 그는 "인간은 단순한 쾌락을 추구하는 것이 아니라, 자신의 삶이 더 큰 의미를 지니고 있다고 믿을 때 더 깊은 행복을 느낀다."라고 했어요. 삶의 의미를 찾고 추구하는 건 행복에 필수입니다.

삶의 의미를 찾으려면 어떻게 해야 할까

정신과 의사 빅터 프랭클은 '로고 테라피 Logo therapy'라는 독자적인 심리치료 이론을 발전시켰으며, 인간 존재의 핵심은 '의미를 찾으려는 의지'라고 보았습니다. 그는 삶의 의미를 찾는 세 가지 방법을 제시했어요. 하나, 어떤 일을 하거나 창조함으로써. 둘, 어떤 일을 경험하거나 어떤 사람을 만남으로써. 셋, 피할 수 없는 시련에 대해 어떤 태도를 취하기로 결정함으로써.

삶의 의미를 찾는 가장 쉬운 방법 중 하나는 글을 쓰는 겁니다. 자신이 원하는 목표와 가치를 글로 정리하면, 뇌는 이를 더욱 명확하게 인식해요. 미국 캘리포니아 도미니칸대학교의 게일 매튜스 Gail Matthews 교수가 진행한 연구에 따르면, 자신의 목표를 문서화하고 진행 상황을 친구와 공유한 사람은 그렇지 않은 사람보다 목표 달성 확률이 상당히 높았습니다. 이처럼 목표를 글로 적는 건 행동 변화를 이끌어 내는 중요한 도구입니다.

삶의 의미가 반드시 거창할 필요는 없어요. 어떤 사람에게는 가족이, 어떤 사람에게는 창작 활동이, 또 어떤 사람에게는 사회적 기여가 삶의 의미가 될 수 있습니다. 중요한 건 의미를 찾으려는 노력이에요. 미 해군 특수부대 Navy SEALs와 같은 극한 환경에서의 성공 요인에 대한 연구는 신체적 능력뿐 아니라 회복탄력성, 목적의식과 같은 심리적 요인의 중요성을 강조합니다. 전 Navy SEAL 마스터 치프 스티븐 드럼 Stephen Drum과 같은 경험자들에 따르면, 극한의 훈련을 버텨 낸 사람들은 신체적 강인함보다 '왜 이 훈련을 하는가'에 대한 명확한 목적의식을 가지고 있었죠.

목적 없이 살아가는 게 괜찮다고 생각할 수도 있을 거예요. 하지만 그것은 오래 지속될 수 없습니다. 삶은 결국 의미를 찾으려는 방향으로 흘러가니까요. 작은 목표라도 설정하고 그것을 향해 나아가는 과정에서 우리는 성장합니다. 의미를 찾으려 하지 않는 건 결국 삶을 흘려보내는 것과 다름없어요. 목표 없는 삶은 편안할 순 있지만, 오랜 시간이 지나면 허탈함만 남습니다.

중세 시대 한 여행자가 길을 가다가 세 명의 석공을 만났습니다. 그는 각자 무엇을 하고 있는지 물었어요. 첫 번째 석공은 "그냥 돌을 깨고 있습니다. 먹고 살려면 어쩔 수 없지요."라고 답했죠. 두 번째 석공은 "석공으로서 최고의 기술을 익히고 있습니다."라고 했어요. 세 번째 석공은 환하게 웃으며 이렇게 말했죠.
"나는 위대한 성당을 짓고 있습니다. 이곳은 사람들에게 희망과 위안을 줄 것입니다."

같은 일을 하면서도 그들에게 주어진 삶의 의미는 전혀 달랐습니다. 삶의 의미는 우리가 스스로 만들어 가는 겁니다. 어떤 일이든 의미를 부여하는 순간, 삶은 완전히 달라져요. 목적 없이 살아도 괜찮다고 말하는 건 그저 지금을 버티기 위한 위안일 뿐입니다. 목적이 있어야 앞으로 나아갈 힘이 생겨요. 목적을 찾고, 목표를 세우고, 그것을 실현하기 위해 행동하세요. 삶이 더 단단해지고, 더 명확해지고, 더 가치 있을 겁니다. 꿈을 버리지 마세요. 목표를 잃지 마세요. 삶의 의미를 찾고, 그것을 지키는 게 결국 우리가 살아가는 이유니까요.

모난 돌이 정 맞는다고, 튀면 손해다

"어떤 조직에든 '예술가'가 필요하다."

— 세스 고딘 —

튀거나 남과 다르게 행동하면 결국 손해라는 옛말이 있습니다. 한국 사회에서는 어린 시절부터 "중간만 하라."는 말을 귀에 못이 박히게 들으며 자라죠. 실제로 튀지 않고 남들과 엇비슷하게 살면 갈등을 덜 겪고, 마음도 편할지 모릅니다. 하지만 지금은 그런 시대가 아닙니다. 그 어느 때보다 튀어야 하는, 튀어야 사는 시대죠. 평범하면, 존재감이 없으면 살기 힘든 시대입니다.

세계적인 마케팅 전문가 세스 고딘은 『린치핀』 등의 저서에서 평범함에서 벗어나 주목받는 것의 중요성을 강조했습니다. 그는 평범한 사람은 기억되지 않으며, 때로는 소란을 피워서라도 사람들의 기억에 남아야 한다고 말합니다. 맞습니다. 남들과 하나라도 달라야, 한 번이라도 나를 봐 주고 기억해 줘요. 기억에 남지 않는 사람은 존재하지 않는 사람과 같습니다. 효과적인 퍼스널 브랜딩은 차별화된 가치를 명확하게 전달하여 타인의 기억 속에 긍정적이고 독특한 인상을 심는 것을 목표로 합니다. 퍼스널 브랜딩의 본질은 사람들의 기억에 남는 거에요. 중간 정도만 하면서 기억에 남기란 어렵습니다.

'모난 행동'을 기회로 바꾸는 법

그렇다고 해도 무조건 튀기만 해서는 곤란합니다. 중요한 건 좋은 인상을 심어 주는 것이죠. 남들과 다르다는 이유만으로 부정적인 인상을 준다면 오히려 역효과를 낳습니다. 나만의 캐릭터, 기술(강점), 관점도 관건입니다. 나와 내 콘텐츠의 지속적인 노출은 필수죠.

온라인, 오프라인 강연으로 수많은 사람의 인생을 바꾼 김창옥 강사를 보세요. 그는 자신만의 진정성 있는 메시지와 공감을 이끌어 내는 스타일로 사람들의 뇌리에 각인되었습니다. 뛰어난 유머 감각과 말투로 튀었고, 끊임없이 자신을 노출하며 긍정적인 이미지를 구축했습니다.

저도 마찬가지입니다. 수의사로 평범하게 진료만 하던 시절, 만약 제가 주변 사람들의 "튀지 말라."는 조언을 따랐다면 지금과 같은 작가의 삶은 없었을 겁니다. 처음엔 수의사가 책을 쓰고 강연을 한다는 게 사람들 눈에 이상하게 보였겠죠. 하지만 저는 그 '모난 행동' 덕분에 소중한 기회를 얻었고 수많은 독자와 만날 수 있었습니다.

2024년 1월 기준, 링크드인은 전 세계적으로 10억 명 이상의 사용자를 보유하고 있으며, 6,500만 개 이상의 회사가 등록되어 있습니다. 여기에서도 독특한 경험과 전문성을 강조한 프로필이 채용 담당자의 관심을 끌 가능성이 큽니다. 지금은 튀지 않으면 잊히는 시대에요. 존재감이 없으면 기회도 없죠. 물론 튀는 게 두려울 수 있습니다. 정 맞을까 걱정도 되겠죠. 하지만 진짜로 두려워해야 할 건 튀지 않음으로써 나를 알릴 기회를 놓치는 겁니다. 심리학자 애덤 그랜트는 "대중적인 의견에 의문을 제기하고 새로운 아이디어를 옹호하는 사람들이 세상을 발전시킨다."라고 강조합니다. 평균에 머물기만 한다면 우리는 결코 성장하지 못합니다.

자신만의 강점과 개성을 찾으세요. 좋은 인상을 주면서 남들과 다른 방식으로 살아가세요. 보랏빛 소가 되세요. 시대적 요구입니다. 모난 돌이 정 맞는다고요? 아닙니다. 모난 돌만이 세상을 바꾸고 사람들의 뇌리에 각인됩니다. 평범함의 환상에서 벗어나 오늘 당장 행동으로 나만의 브랜드를 만들어 보세요. 남들과 다르게 살아야 진짜 나로 살 수 있습니다.

낙천적으로
사는 게 좋다

"할 수 있다고 믿으면 반드시 이룰 수 있다."
— 나폴레온 힐 —

이 말을 들으면 맞는 말 같기도 하고 마음도 편안해집니다. 웃으며 "어떻게든 되겠지." 하고 여유 있게 말하는 사람들은 어딘가 밝고 마음 가벼워 보이기 때문이죠. 낙천적인 태도는 얼핏 보기엔 매력적이지만, 사실 그 속에는 큰 함정이 숨어 있습니다.

낙관주의는 현실을 인정하면서도 긍정적인 변화를 만들기 위해 행동하는 힘이지만, 낙천주의는 현실을 외면하며 무책임한 기대에 머무는 태도입니다. 낙관주의는 지향해야 하지만 낙천주의는 경계해야 해요. 진짜 긍정은 무작정 웃는 게 아니라, 현실을 마주할 용기에서 시작됩니다.

좀 더 자세히 살펴볼까요. 낙관주의는 긍정심리학에서 자주 다루어지는 개념으로, 미래에 대한 긍정적 기대와 함께 현실적인 노력과 행동을 수반하는 태도를 의미합니다. 반면 낙천주의는 종종 밝고 긍정적인 태도를 의미하지만, 심리학적 맥락에서는 '비현실적 낙관주의 Unrealistic optimism' 또는 '막연한 긍정적 태도'로 해석될 수 있습니다. 이는 현실적 근거 없이 '어떻게든 잘 될 거야'라는 수동적 기대를 품는 태도를 가리키죠.

낙천적인가, 낙관적인가

낙관주의는 단순히 긍정적인 사고에 그치지 않고, 현실적 노력과 문제 해결 능력을 동반합니다. 셀리그만의 연구에 따르면, 낙관적인 스타일을 가진 사람들은 실패를 외부적이고 일시적인 원인으로 해석하며, 이를 통해 더 나은 결과를 얻기 위한 행동을 취하죠. 2009년 《임상심리학 리뷰 Annual Review of Clinical Psychology》에 발표된 라스무센 Rasmussen 연구팀의 메타 분석 연구에 따르면, 일반적인 낙관주의가 다양한 신체 건강 결과와 긍정적인 관련이 있다고 보고했습니다. 예컨대 낙관적인 태도를 가진 사람은 직장에서 프로젝트가 실패했을 때 '팀 전체의 협력이 부족했지만, 다음에는 더 철저히 계획을 세워야겠다'라고 생각하며 구체적인 해결책을 모색합니다. 한 직장인이 승진 시험을 준비하면서 '내가 열심히 준비하면 좋은 결과를 얻을 수 있을 거야'라고 생각하며 매일 꾸준히 공부 계획을 세우고 실천했다고 가정해 볼까요. 이 사람은 낙관적인 태도로 미래를 긍정적으로 바라보면서도 현실적 노력을 병행했기 때문에 시험에 합격할 가능성이 높아요. 이는 낙관주의가 긍정적인 결과를 가져올 수 있음을 보여 줍니다.

반면 낙천주의는 현실적 근거 없이 과도한 긍정적 기대를 품는 태도로, 종종 무책임하거나 안일한 결과를 초래할 수 있습니다. 비현실적 낙관주의에 대한 연구들은 이러한 태도가 과도한 자신감으로 인해 준비 부족과 실패로 이어질 수 있음을 보여 줍니다. 예컨대 중요한 발표를 앞두고 준비를 소홀히 하면서 '잘 될 거야'라고만 생각하는 낙천적인 태도는 실패로 이어질 가능성이 큽니다. 승진 시험을 앞둔 직장인이 '나는 원래 운이 좋으니까 준비하지 않아도 잘 될 거야'라고 생각하며 공부는커녕 시험 전날까지 놀러 다녔다고 가정해 보죠. 이 사람은 낙천적인 태도로 긍정적인 결과를 기대했지만, 현실적 노력이 부족했기 때문에 시험에서 낮은 점수를 받을 가능성이 커요. 이는 낙천주의가 현실을 외면하고 무책임한 결과를 초래할 수 있음을 보여 줍니다.

낙관주의자는 지금의 어려움을 현실적으로 받아들이면서도 '지금은 힘들지만 노력하면 분명 나아질 수 있다'는 믿음을 가지고 적극적으로 행동합니다. 심리학자 찰스 스나이더 Charles Snyder 는 희망을 '목표 달성을 위한 의지^agency(해낼 수 있다는 믿음)와 방법 ^pathways(경로를 찾아내는 능력)을 모두 포함하는 긍정적인 동기 상태'로 정의했습니다. 낙천주의자가 단순히 막연히 기대하는 것이라면, 낙관주의자는 분명한 목표와 실천 계획을 세우고 행동하는 사람입니다.

곱씹어 볼 문장 하나가 있습니다. 바로 "이 또한 지나가리."입니다. 이 말은 힘들고 어려운 순간 위로를 주는 명언이지만, 동시에 위험한 말이기도 해요. 낙천주의자가 이 말만 믿고 위기 상황에서 아무런 행동도 취하지 않을 수 있으니까요. 아무것도 하지 않으면 잘 지나가지지 않습니다. 빠져나올 수 있던 터널을 빠져나올 수 없는 동굴로 만들어 버리죠.

역사에서도 이 교훈은 분명히 드러납니다. 1929년 미국 대공황 당시 수많은 사람이 낙천적으로 '경제는 계속 좋아질 것'이라고 믿었어요. 하지만 현실을 무시하고 준비하지 않았던 결과는 참혹했습니다. 반면 현실을 직시하고 대비한 사람들만이 위기 속에서 살아남았죠. 낙천주의는 잠시 마음을 달래 줄지 모르지만, 장기적으로 삶을 지탱할 힘은 없습니다.

막연한 기대와 안일함으로 현실을 덮는 낙천주의 대신, 현실을 직시하고 구체적으로 행동하는 낙관주의를 선택하세요. 인생에서 진정 필요한 건 낙천주의의 편안한 위로가 아니라, 현실을 직시하며 목표를 향해 움직이는 낙관주의자의 태도입니다.

눈에 보이지 않는 것보다 보이는 걸 믿어라

"가장 중요한 것은 눈에 보이지 않아."

― 『어린 왕자』 중에서 ―

눈에 보이는 성과, 숫자로 증명되는 결과, 손에 잡히는 성취가 신뢰를 얻는 시대입니다. 실제로 심리학 연구들에서 나타나듯, 사람들은 측정 가능하고 눈에 보이는 결과에 더 주목하고 신뢰하는 경향(결과 편향 등)을 보입니다. 이는 현대 사회에서 보이는 것이 진실로 여겨지는 경향과 연결될 수 있죠.

진짜 중요한 건 보통 눈에 보이지 않습니다. 우리가 보는 건 빙산의 일각일 뿐이죠. 실제로 많은 조직 행동 연구들은 보이지 않는 요소, 예를 들어 동료 간의 신뢰나 관계의 질, 조직 문화 같은 요소가 직장 내 성공과 만족도에 중요한 영향을 미친다고 강조합니다. 보이지 않는 것의 힘은 강력해요.

보이는 게 보이지 않는 것보다 중요할까?

어린나무를 보세요. 막 싹을 틔운 나무는 눈에 띄는 성장을 하지 않습니다. 작은 잎에서 만들어 낸 영양분을 뿌리에 집중하죠. 겉으로 보이는 성장을 미루고, 뿌리를 깊고 넓게 내립니다. 이 시기를 '유형기'라고 해요. 나무 칼럼니스트 우종영은 『나는 나무에게 인생을 배웠다』에서 "유형기는 뿌리를 키우는 시간이며, 뿌리가 단단해야 나무는 어떤 폭풍우에도 쓰러지지 않는다."라고 말했습니다.

로버트 월딩거와 마크 슐츠가 진행한 '하버드 성인 발달 연구'에 따르면, 장기적인 행복과 건강한 삶은 가시적인 성취보다 보이지 않는 양질의 관계에 더 크게 좌우됩니다. 초조해하지 말고 뿌리를 다지세요. 깊은 뿌리가 큰 열매를 만듭니다.

바람을 생각해 보죠. 눈에 보이지 않지만 꽃과 나무를 흔들고 세상을 움직입니다. 사랑, 신뢰, 노력, 진심과 같은 것들도 마찬가지예요. 이것들이야말로 인생의 진정한 가치를 만듭니다. 눈에 보이는 것만 좇다가 정작 중요한 걸 놓치지 마세요. 빅토르 위고 Victor Hugo의 『레 미제라블』에서도 등장 인물들의 내면적 가치와 사랑, 희생과 같은 보이지 않는 요소들이 삶과 구원에 깊은 영향을 미치는 것을 볼 수 있습니다. 진짜 중요한 건 눈에 보이지 않는 게 많아요. 『어린 왕자』에서 여우가 "가장 중요한 것은 눈에 보이지 않아L'essentiel est invisible pour les yeux."라고 말한 것처럼요.

갈릴레오는 지구가 태양 주위를 돈다는 지동설을 믿었고, 당시에는 직접 관찰하기 어려웠던 이 진실이 시간이 지나며 과학적으로 밝혀졌습니다. 공자는 『논어』에서 꾸준히 내면의 덕德과 진심을 강조하며 외적인 형식이나 평판보다 근본적인 인격 수양의 중요성을 역설했습니다. 이는 겉모습 너머의 본질을 보라는 가르침으로 해석될 수 있죠. 눈에 보이는 게 다가 아닙니다. 보이는 게 보이지 않는 것보다 중요하다고 말할 수 없어요.

진짜 성공은 보이지 않는 곳에서 만들어집니다. 진짜 성장은 보이지 않는 내면에서 시작돼요. 그러니 초조해하지 말고, 보이지 않는 곳에서 단단히 나를 키우세요. 언젠가 그 노력들이 보이는 것으로 나타날 날이 올 겁니다.

리스크, 불확실성은 피해야 한다

"모든 것은 흐른다."
― 헤라클레이토스 ―

오직 안전한 삶을 추구하는 사람들이 많습니다. 그게 현명한 선택이라 믿죠. 불확실성을 줄이는 게 곧 행복과 성공을 보장하는 길이라고 생각하기도 해요. 과연 그럴까요? 우리가 안전지대라고 부르는 곳은 정말 안전할까요? 어쩌면 안전지대야말로 가장 위험한 공간일지 모릅니다.

성장, 배움, 발전은 모두 안전지대 바깥에 있습니다. 성취와 만족 역시 불확실성과 두려움을 넘어선 곳에 존재하죠. 1908년 심리학자인 로버트 M. 여키스 Robert M. Yerkes와 존 D. 도드슨 John D. Dodson의 연구에서 비롯된 여키스-도드슨 법칙 Yerkes-Dodson Law에 따르면, 적절한 수준의 각성이나 스트레스가 최적의 수행 능력을 이끌어 낼 수 있습니다. 이는 너무 편안한 안전지대에만 머무르는 것이 성장을 위한 최선의 조건은 아닐 수 있음을 시사하죠. 안전지대는 우리를 보호하는 공간이라기보다, 정체와 안주의 늪이 되어 버릴 가능성이 커요.

배는 바다를 항해해야 배입니다. 항구에만 머물러 있는 배는 시간이 지나면서 녹슬고 기능을 잃어버리죠. 인간도 마찬가지에요. 리스크를 피하는 삶을 선택하는 순간, 우리는 성장을 멈추게 됩니다. 불확실성과 긴장 속에서 우리는 더 나은 자신이 되며, 삶의 진짜 의미를 발견할 수 있어요. 안전지대에만 머무르면, 그곳이야말로 가장 위험한 장소가 될 수 있습니다. 정체는 곧 퇴보로 이어집니다.

리스크를 위험Danger으로 해석하는 건 잘못된 접근이에요. 리스크는 불확실성Uncertainty입니다. 투자에서도, 삶에서도 리스크를 감수할 필요가 있어요. 리스크는 무조건 피해야 할 대상이 아니라, 이해하고 관리해야 할 대상입니다. 철저히 분석하고 감당할 만한 수준에서 감수하는 게 중요해요. 리스크 없이 살겠다는 건 곧 아무것도 하지 않겠다는 의미입니다. 불확실성은 불편함을 수반하지만, 동시에 강력한 성장의 원동력이 됩니다.

'Failed'가 아닌 'Not Yet'

미국 시카고의 한 고등학교에서는 낙제 점수를 F^{Failed}가 아닌 NY^{Not Yet}로 표기한다고 해요. '실패'가 아니라 '아직 도달하지 못한 상태'라는 의미죠. 이 개념은 매우 중요해요. 실패를 종결된 사건이 아니라 과정의 일부로 바라볼 때, 우리는 끊임없이 배울 수 있습니다. 토머스 에디슨은 전구를 발명하기까지 수많은 실패를 했지만, 그것을 '성공하지 못하는 수많은 방법을 발견한 것'이라고 여겼다고 전해집니다. 실패는 끝이 아니라, 성장의 디딤돌입니다.

변화하는 세상 속에서 정체는 곧 도태를 의미해요. 아마존이 전자상거래 플랫폼에만 머물렀다면, 클라우드 컴퓨팅 서비스인 AWS^{Amazon Web Service}와 같은 혁신은 없었을 겁니다. 디지털 사진의 부상을 외면하고 필름 사업에만 집중한 코닥은 결국 파산의 길을 걸었죠. 기업 전략 및 혁신에 관한 많은 연구가 계산된 리스크를 감수하며 적극적으로 혁신에 투자하는 기업들이 장기적으로 더 높은 성과를 낼 가능성이 크다고 보고합니다. 안전지대를 고수하는 게 오히려 위험을 키우는 결과를 초래할 수도 있습니다.

편안함을 느끼는 순간, 우리는 스스로에게 질문해야 해요. 지금 이 편안함이 지속될 것인가? 지금의 만족이 계속될 것인가?

혹은 점차 무너지고 있는 것은 아닌가? 우리는 크게 두 가지 경우에 편안함을 느낍니다. 하나는 꾸준한 성장 속에서 만족을 느끼는 때이고, 다른 하나는 곧 내리막길을 맞이할 정체된 상태일 때죠. 너무 편안하다면, 스스로를 돌아보세요. 내 상태는 성장의 흐름 속에 있는 것인지, 아니면 정체의 늪에 빠진 것인지.

리스크를 감수하는 건 무모한 도전과는 다릅니다. 감당할 수 있는 범위에서 불확실성을 받아들이고, 그것을 전략적으로 관리하는 게 중요하죠. 넷플릭스, 테슬라, 스페이스X 같은 기업들은 리스크를 철저히 분석하고 감내하며 혁신을 이루어 냈어요. 개인의 삶에서도 마찬가지입니다. 새로운 기술을 배우고, 새로운 환경에 도전하며, 기존의 틀을 깨고 나아가는 과정에서 우리는 더 강해집니다.

고대 그리스 철학자 헤라클레이토스^{Heraclitus}는 "모든 것은 흐른다^{Panta rhei}."라고 통찰하며 끊임없는 변화가 세상의 본질임을 강조했습니다. 불확실성을 받아들이는 건 두렵습니다. 하지만 바로 그 두려움이 우리를 더 크고 넓은 세계로 나아가게 해요. 우리는 항구에 정박하기 위해 존재하는 게 아니라, 바다를 항해하기 위해 존재합니다. 두려움이 느껴진다면, 그것이야말로 우리가 앞으로 나아가야 할 방향을 가리키는 신호일지도 몰라요. 그러니 두려움을 즐기세요.

가능한 한 모든 상황을
내가 통제해야 한다

"통제할 수 있는 일과 통제할 수 없는 일을
구분하는 능력이 심리적 어른 되기의 핵심이다."

— 라라 E. 필딩 —

우리는 종종 모든 걸 계획하고 예측하며, 뜻대로 조정하려 애씁니다. 하지만 삶은 우리가 이리저리 주무를 정도로 만만하지 않아요. 오히려 계획대로 흘러가지 않는 게 대부분이죠. 모든 걸 통제하려는 욕망이야말로 우리를 가장 큰 스트레스로 몰아넣는 원인이 되곤 합니다.

첫 번째 화살과 두 번째 화살에 대한 불교의 가르침이 있어요. 첫 번째 화살은 우리가 피할 수 없는 고통입니다. 예컨대 예상치 못한 사고와 재난, 실패, 질병처럼 우리가 어찌할 수 없는 일들이 여기에 해당하죠. 두 번째 화살은 다릅니다. 그것은 우리가 스스로 쏘는 괴로움이에요. 같은 사건이라도 우리가 어떻게 해석하고 반응하느냐에 따라 그 무게가 달라집니다. '왜 나에게 이런 일이 생겼을까?'라며 자책하고 원망할수록 두 번째 화살은 깊이 박혀 고통을 가중시키죠. 우리의 선택에 달렸습니다. 괴로움을 겪지 않으려면 통제할 수 없는 건 놓아 두고, 통제할 수 있는 것에만 집중해야 해요.

제가 좋아하는 글귀가 있습니다. 신학자 라인홀트 니부어^{Reinhold Niebuhr}가 작성한 것으로 알려진 '평온을 비는 기도'의 일부죠.

"바꿀 수 없는 것은 받아들이는 평온을, 바꿀 수 있는 것은 바꾸는 용기를, 그리고 그 차이를 구별하는 지혜를 주옵소서."

작가이자 동기 부여 연설가 찰스 스윈돌^{Charles R. Swindoll}은 "인생은 나에게 일어나는 일 10%와 내가 거기에 어떻게 반응하는지 90%로 이루어진다."라고 말했어요. 인생에서 일어나는 일 자체보다 그것을 어떻게 해석하고 받아들이느냐가 더 중요해요. 같은 사건을 두고도 어떤 사람은 불행하다고 느끼고, 어떤 사람은 성장의 기회로 삼습니다. 결국 인생을 좌우하는 건 통제 불가능한 외부 환경이 아니라, 그것에 대한 우리의 해석과 태도예요.

심리학자 앨버트 반두라는 자기효능감 이론을 통해, 자신이 특정 상황을 통제하고 성공적으로 수행할 수 있다는 믿음이 실제 행동과 성취에 큰 영향을 미친다고 설명했습니다. 하지만 중요한 점은 이 통제감이 현실적인 평가에 기반해야 한다는 겁니다. 자신이 실제로 통제할 수 있는 영역, 예컨대 자신의 노력, 태도, 반응에 집중할 때 긍정적인 효과가 나타나며, 통제 불가능한 영역까지 통제하려는 잘못된 욕구는 오히려 불안과 무력감을 증폭시킬 수 있습니다.

통제할 수 있는 것과 통제할 수 없는 것

라라 E. 필딩LaLa E. Fielding은 『홀로서기 심리학』에서 인간이 통제할 수 있는 것과 통제할 수 없는 것을 구별하는 것의 중요성을 강조합니다. 타인의 마음, 세상일, 지난 과거는 우리가 직접 통제하기 어려운 영역에 속합니다. 반면, 우리의 생각, 감정, 행동은 상대적으로 더 많은 통제력을 발휘할 수 있는 영역이죠. 연암 박지원도 그의 글에서 부는 바람(외부 환경)보다는 마음(자신의 내면)을 다스리는 것의 중요성을 이야기했습니다. 외부 요인이 아닌 내부에 초점을 맞추고 집중해야 합니다.

정신과 의사 김혜남은 42세에 파킨슨병 진단을 받은 자신의 경험을 통해, 바꿀 수 없는 현실을 받아들이고 자신이 할 수 있는 것에 집중하는 삶의 태도가 중요하다고 이야기합니다. 그는 병을 처음에는 받아들이기 힘들었지만, 결국 '바꿀 수 없는 것들이 있음을 받아들이고, 바꿀 수 있는 것들에 집중하는 삶이야말로 누구에게도 휘둘리지 않고 내가 원하는 방향으로 나아갈 수 있는 최선의 방법이다'라는 깨달음을 얻었다고 전합니다.

모든 일이 우리의 뜻대로 흘러가지는 않아요. 우리가 어떻게 반응할 것인지는 우리의 선택이죠. 내가 할 수 없는 것에는 무심하고, 내가 할 수 있는 것에 최선을 다하세요. 그리고 하늘의 운과 나를 도울 우주의 기운을 기다리세요. 진인사대천명盡人事待天命을 떠올리며.

결국 인생에서 우리가 해야 할 일은 단순해요. 하나, 완벽한 통제 대신 유연함을 택하기. 삶은 계획대로 흘러가지 않을 때가 더 많습니다. 변화에 적응하는 유연함이 더 중요해요. 둘, 문제 자체보다 해결책에 집중하기. 문제에 집착하기보다 '지금 내가 할 수 있는 최선은 무엇인가?'를 묻는 게 더 현명합니다. 셋, 자신이 통제할 수 없는 문제에서 벗어나기. 과거를 후회하고, 타인의 반응에 신경 쓰고, 세상의 흐름을 바꾸려고 하는 건 에너지를 낭비하는 일이에요.

박노해 시인은 시 '이유 따윈'에서 이렇게 말했습니다.

"'어찌할 수 없음'에 순명하고, '어찌해야만 함'에 분투할 것."

통제할 수 없는 건 받아들이고, 통제할 수 있는 것에 집중하기. 이것이야말로 불필요한 괴로움을 줄이고, 더 나은 삶을 만들어 가는 길입니다.

내가 직접 보거나 들은 건
충분히 믿을 만하다

"왜곡된 신념은 단순한 잘못을 넘어
우리를 위험에 빠뜨릴 수 있다."
— 대니얼 사이먼스 —

사람들은 보통 직접 경험한 건 틀림없다고 확신합니다. 내 눈으로 봤고, 내 귀로 들었으니 분명 사실이라고 생각하죠. 하지만 인간의 감각과 기억은 생각보다 훨씬 불완전해요. 실제로 보고 들은 게 왜곡될 가능성이 크며, 때로는 전혀 사실이 아닌 걸 사실이라고 믿기도 합니다.

하버드대학의 심리학자 대니얼 사이먼스 Daniel Simons 와 크리스토퍼 차브리스 Christopher Chabris 가 1999년에 발표한 유명한 '보이지 않는 고릴라' 실험을 살펴보죠. 실험 참가자들에게 흰옷을 입은 팀과 검은 옷을 입은 팀이 농구공을 주고받는 영상을 보여 주고,

흰옷을 입은 팀이 패스한 횟수를 세어 보라고 했습니다. 영상 도중 고릴라 복장을 한 사람이 화면 한가운데를 걸어갔어요. 그런데 놀랍게도 참가자의 절반가량이 고릴라를 보지 못했습니다. 왜일까요? 인간의 주의력에는 한계가 있기 때문입니다. 특정한 것에 집중하는 순간, 예상치 못한 다른 자극은 인식조차 하지 못할 수 있습니다. 이를 '무주의 맹시Inattentional blindness'라고 합니다. '본다'는 건 단순히 눈에 들어오는 게 아니라, 뇌가 주의를 기울이고 인식해야 가능한 거예요. 우리는 뇌를 전적으로 믿어선 안 됩니다.

기억 또한 믿을 수 있는 게 아닙니다. 미국의 심리학자 엘리자베스 로프터스Elizabeth Loftus는 '오기억False memory' 현상을 연구해 왔습니다. 그녀의 여러 연구 중 하나에서는, 실험 참가자들에게 어린 시절 쇼핑몰에서 길을 잃었던 경험에 대한 가짜 이야기를 들려주고, 가족 구성원의 (조작된) 증언 등을 통해 이를 뒷받침했습니다. 놀랍게도 참가자 중 상당수가 실제로 그런 경험이 없었음에도, 마치 있었던 일처럼 기억을 만들어 내거나 세부 사항을 덧붙여 회상했습니다. 기억은 비디오 녹화처럼 고정된 것이 아니라, 우리가 회상할 때마다 재구성될 수 있으며 외부 정보나 암시에 쉽게 영향을 받을 수 있습니다.

실제로 이러한 기억의 불완전성은 법정에서도 큰 문제를 일으킵니다. 미국의 '이노센스 프로젝트 Innocence Project' 등의 자료에 따르면, DNA 검사 등으로 무죄가 입증된 억울한 수감 사례 중 상당수가 잘못된 목격자 증언과 관련이 있다고 합니다. 한 가지 예를 들어 보죠. 1984년 미국에서 제니퍼 톰슨 Jennifer Thompson이라는 여성은 성폭행 피해를 당했고, 경찰 조사 과정에서 로널드 코튼 Ronald Cotton이라는 남성을 범인으로 지목했습니다. 그녀는 법정에서도 그가 범인이라고 강하게 확신했지만, 10여 년 후 DNA 검사 결과 코튼은 무죄였고 진범은 다른 사람이었습니다. 그녀의 기억은 강한 확신에도 불구하고 실제 사실과 달랐던 것입니다.

한 번 더 의심하는 습관

왜 이런 일이 발생할까요? 앞서 언급한 '무주의 맹시' 외에도, 인지심리학에서는 '확증 편향'이라는 개념을 중요하게 다룹니다. 사람들은 자신의 기존 신념이나 가설을 뒷받침하는 정보는 더 주목하고 잘 받아들이는 반면, 그렇지 않은 정보는 무시하거나 자신의 신념에 맞게 왜곡하려는 경향이 있습니다. 보고 들은 걸 그대로 받아들이는 게 아니라, 이미 형성된 생각에 맞춰 재구성하는 겁니다.

이러한 인간의 인지적 한계는 우리가 일상에서 내리는 판단에도 큰 영향을 미쳐요. 가령, 뉴스에서 특정 사건을 접하면 우리는 그 사건을 마치 직접 본 것처럼 강한 확신이 생깁니다. 하지만 뉴스는 특정 관점에서 정보를 선택하고 편집하며, 사용된 영상이나 프레임이 우리의 사고방식에 영향을 미치죠. 우리가 '보고 들은 것'을 절대적으로 신뢰해서는 안 되는 이유가 바로 여기에 있습니다.

그렇다면 어떻게 해야 할까요? 하나, 한 번 더 의심하는 습관을 들여야 합니다. 보고 들은 게 정말 사실인지 검증해야 해요. 인간의 뇌는 우리가 생각하는 것보다 훨씬 부정확하기 때문입니다. 둘, 다양한 관점을 접해야 합니다. 한 가지 정보만 듣고 판단하기보다, 여러 자료와 의견을 비교하는 게 중요해요. 셋, 기억이 완벽하지 않음을 인정해야 합니다. 우리는 종종 "나는 정확히 기억해!"라고 장담하지만, 기억은 절대 고정된 게 아니에요.

우리는 언제든 잘못된 정보를 사실이라고 믿을 수 있습니다. 우리의 감각과 기억은 결코 완벽하지 않으며, 오히려 끊임없이 왜곡되죠. 따라서 항상 의심하고, 여러 차례 검증하며, 열린 태도로 세상을 바라보는 게 필요해요. 그래야만 우리가 원치 않는 피해를 줄이고, 보다 객관적인 판단을 내릴 수 있습니다.

완벽히 준비되었을 때
도전해야 한다

"나는 매일 아침 실패를 먹으며 살아간다."
― 에릭 리스 ―

많은 사람이 철저한 준비가 끝나야 움직이려 합니다. 안타깝게도 현실에서 완벽한 준비란 존재하지 않아요. 인생에서 진짜 중요한 일들은 대부분 준비가 되기 전에 시작됩니다. 완벽한 계획을 세운다 해도 예상치 못한 변수가 생기기 마련이고, 모든 조건이 갖춰진 후에야 출발하려 한다면 영원히 시작하지 못할 수도 있어요.

'린 스타트업' 개념을 창안한 에릭 리스는 '최소 기능 제품'의 개념을 강조합니다. 제품이나 서비스를 완벽하게 만든 후 시장에 내놓는 게 아니라, 핵심 가치를 검증할 수 있는 최소한의 기능만 갖춘 상태로 먼저 출시하고, 실제 사용자들의 피드백을 받아가며 빠르게 개선하는 방식이죠. 구글(예: 초기 Gmail 베타)과 페이스북(예: 초기 하버드대 버전) 같은 많은 성공적인 기술 기업들이 이러한 반복적 개발 방식을 활용해 제품을 발전시켜 왔습니다. 일단 시장에 내놓고 반응을 살피며 수정해 나가는 게 더 효과적이라는 거죠. 이것이 현대 사회에서 실행력이 중요한 이유입니다.

심리학적으로도 완벽주의는 생산성을 저해하는 요소로 작용할 수 있습니다. 이는 심리학자 캐럴 드웩이 제시한 '고정 마인드셋'의 특징과도 연결되는데, 완벽주의적 성향을 지닌 사람은 실패를 능력 부족의 증거로 여겨 시작 자체를 두려워하고, 도전보다는 실패를 피하는 데 집중하는 경향이 있습니다. 그 결과, 발전의 기회를 놓치거나 필요한 경험을 쌓지 못하고 정체되기 쉽죠. 반면, '성장형 마인드셋'을 가진 사람들은 미완성 상태에서도 시작하고, 시행착오를 배움의 과정으로 받아들입니다. 결국 이들이 더 크게 성장해요.

'완벽해야 한다'라는 강박이 오히려 성공을 방해한다는 연구도 있습니다. 심리학자 폴 휴이트Paul Hewitt와 고든 플렛Gordon Flett은 완벽주의에 대한 광범위한 연구를 통해, 자신이 타인의 높은 기대를 충족시켜야 한다고 믿는 경향이나, 자기 비판적 완벽주의 성향이 높은 사람들이 더 많은 불안, 우울, 스트레스를 경험한다는 사실을 밝혀냈습니다. 실제로도 이들은 실패에 대한 두려움 때문에 새로운 시도를 하기 어려운 경향을 보였죠. 준비가 부족하다고 느끼는 강박이 도전을 미루게 하고, 결국 시도조차 하지 못하게 만들 수 있다는 거죠.

'완벽함'보다 중요한 것

실제로 성공한 사람들은 '완벽한 준비'보다 빠른 실행과 지속적인 개선을 선택했습니다. 일론 머스크는 테슬라와 스페이스X를 만들면서도 완벽한 계획이 세워질 때까지 기다리지 않았어요. 그는 실패를 학습 과정의 일부로 보고 빠르게 시도하고 개선하는 접근 방식을 강조하는 것으로 알려져 있습니다. 실패는 과정의 일부이며, 피할 수 없는 것이므로 빨리 겪고 빨리 수정하는 게 중요하다는 거예요.

완벽한 준비란 애초에 없습니다. 불가능해요. 그러한 생각은 과욕이고 자만입니다. 모든 변수를 통제할 수 없기 때문이죠. 중요한 건 그때그때 상황에 맞게 유연성을 발휘하는 겁니다. 실수와 실패는 학습과 발전의 필수적인 과정이에요. 불완전한 시작이 완벽한 미루기보다 훨씬 낫습니다.

《하버드 비즈니스 리뷰》와 같은 경영 저널에서는 빠른 실행, 민첩성Agility, 그리고 피드백을 통한 지속적인 개선이 현대 비즈니스 환경에서 성공 확률을 높인다는 연구와 사례들을 자주 다룹니다(예: 관련 Agile 방법론 연구들). 이러한 접근법들은 실패를 두려워하기보다 실행을 통해 배우고 빠르게 적응하는 것의 중요성을 강조해요.

인생도 마찬가지입니다. 완벽한 준비가 되어야만 움직인다면, 정작 움직일 수 있는 순간은 영영 오지 않을 수 있어요. 도전하는 사람과 머뭇거리는 사람의 차이는 단순합니다. '일단 시작했느냐, 여전히 준비 중이냐.' 이것이 엄청난 결과의 차이를 만들죠.

사람은 크게 세 분류로 나뉩니다. 하지 않는 사람, 할 수 있는 사람, 하는 사람. 일단 하는 게 중요해요.

인생은 저지르고, 수습하는 과정의 연속입니다. 완벽한 출발보다 중요한 건 유연한 실행과 적응력이죠. 진짜 완벽이란 처음부터 존재하는 게 아니라, 실행을 통해 만들어지는 거예요. 망설이는 것보다 실행하면서 배우는 것이 더 낫습니다. 완벽한 계획이라는 환상을 버리세요. 지금 당장 시작하세요. 완벽보다 완료에 초점을 맞추세요.

좋아하지 않는 일을
하는 건 의미 없다

"모든 고통은 기쁨이 되기 위한 과정이다."
— 김종원(작가) —

우리는 종종 좋아하지 않거나 싫어하는 일에 시간을 쓰면서 '이 시간은 아무런 의미도 없다'라고 생각하곤 합니다. 정말 쓸데없는 시간일까요? 혹시 이 시간이 우리가 원하는 미래를 위한 투자일 수도 있지 않을까요?

많은 사람이 "좋아하는 일만 하며 살고 싶다."라고 말합니다. 현실은 그렇게 단순하지 않아요. 오직 하고 싶은 일만 하면서 사는 사람은 극소수에 불과하죠. 그들조차도 원치 않는 일들을 감수하면서 목표를 향해 나아갑니다. 성공한 사람들의 삶을 들여다보면, 남들이 피하고 싶어 하는 어려운 일, 귀찮은 일, 하기 싫은 일을 묵묵히 해냈다는 공통점이 있어요.

박찬호 선수는 이렇게 말했습니다.

"성공하는 거 별거 아니야. 다른 사람이 싫어하고, 다른 사람이 귀찮아하고, 다른 사람이 어려워하고, 다른 사람이 무서워하는 걸 네가 하면 되는 거야. 그럼 성공하는 거야."

그는 남들이 기피하는 고된 훈련을 견뎌 냈고, 마운드 위에서 수없이 실패하면서도 다시 도전했어요. 그 과정에서 성장했고, 결국 한국인 최초의 메이저리그 투수가 되었죠. 만약 그가 '나는 힘든 훈련을 하기 싫다'라며 포기했다면 지금의 성취를 이루지 못했을 겁니다.

미국 심리학자 로이 바우마이스터Roy Baumeister와 그의 동료들의 연구는 자기 통제력Self-control의 중요성을 보여 줍니다. 바우마이스터의 광범위한 연구는 장기적으로 자기 통제력을 꾸준히 발휘하는 것이 학업 성취도, 직업적 성공, 건강한 생활 습관 등 인생의 다양한 영역에서 더 나은 결과를 가져온다는 점을 강조합니다. 즉, 하기 싫은 일을 해내는 능력(자기 통제력)을 관리하고 단련하는 것이 중요하다는 거죠.

하기 싫은 일을 해야 하는 이유는 단순히 성공을 위한 게 아닙니다. 그 자체가 우리의 성장과 연결되기 때문이에요. 심리학자 캐럴 드웩은 사람이 성장하려면 익숙하고 쉬운 일을 반복하는 게 아니라, 도전적인 과제, 즉 때로는 어렵고 하기 싫게 느껴지는 일을 감내하며 노력하는 과정이 필수적이라고 강조했습니다. 우리가 하기 싫어하는 일에는 대개 익숙하지 않거나 불편한 요소들이 포함되어 있어요. 그 불편함을 이겨 내고 성취할 때, 우리의 능력은 확장됩니다.

개그맨 김영철도 비슷한 이야기를 했습니다.

"저는 어떻게 하면 행복해지는지 이제 알았어요. 비밀 열쇠인데, 불편한 걸 잘 해야 해요. 불편함을 감수하고 해내야 해요. 아침 일찍 일어나는 거, 전화 영어, 사실 안 해도 되잖아. 그런 걸 몇 개를 딱 해 놓으면, 시스템이 구축이 되어 그다음 게 자동으로 다 따라와요."

고통은 좋아하는 일을 하기 위한 과정이다

이는 비즈니스 전략에서도 확인할 수 있습니다. 작가 팀 페리스의 『타이탄의 도구들』에는 이런 내용이 나와요.

"좋아하는 일을 하는 데 시간을 많이 내는 것은 불가능하다. 하지만 싫어하는 일을 빨리 해치우는 건 노력을 통해 가능하다. 우리는 가능한 것을 해야 한다. 이것이 곧 불가능해 보이는 일에 접근 가능한 유일한 방법이다."

하기 싫은 일을 효율적으로 해결하면 우리가 원하는 일을 할 수 있는 시간이 더 많아진다는 뜻입니다. 그러니 오직 좋아하는 일만 하고 싶다면, 먼저 하기 싫은 일을 빠르고 효과적으로 처리하는 능력을 길러야 해요. 하기 싫은 일도 하다 보면 잘하게 되는 날이 옵니다.

작가 김종원도 이렇게 말했죠.

"반복해서 하기 싫은 일을 하다 보면 그걸 잘 하게 되는 날이 찾아오고, 그때 우리는 진짜 하고 싶은 일을 마음 편하게 하면서 살 수 있다. 모든 고통은 기쁨이 되기 위한 과정이다."

오늘의 불편함이 내일의 편안함으로 이어집니다. 하기 싫은 일을 잘하는 사람만이 하고 싶은 일을 마음껏 하며 살 수 있습니다. 무조건 즐겁고 하고 싶은 일만 찾기보다, 싫지만 해야 하는 일을 해내는 능력을 키우는 게 중요해요. 단순히 시간 낭비로 여기기보다, 내가 성장할 기회라고 생각하는 순간, 그 시간은 더 이상 무의미하지 않습니다.

사소한 것보다 굵직한 것에
신경 써야 한다

"사소한 일을 소홀히 여기지 않는 마음가짐에
경험이 더해지면 비로소 성장의 토대가 마련된다."

— 마쓰시타 고노스케 —

우리는 흔히 큰 그림을 보라고 합니다. 전체적인 방향성과 핵심 요소만 잘 챙기면 나머지는 대충 넘어가도 된다고 생각하죠. 과연 그럴까요? 역사와 현실 속에서 성공한 사람들과 그렇지 않은 사람들 사이의 차이를 들여다보면, 그 차이는 놀랍도록 작은 요소에서 비롯된다는 것을 알 수 있습니다.

"악마는 디테일에 있다 The devil is in the details."라는 말이 있습니다. 이는 단순한 속담이 아니에요. 실제로 수많은 사례가 이를 증명하고 있습니다. 프로와 아마추어, 고수와 하수의 차이는 디테일에서 결정돼요. 소위 한 끗 차이죠. 어느 분야든 일정 수준까지는 누구나 도달할 수 있지만, 진짜 차이를 만드는 건 사소한 것처럼 보이는 요소들입니다.

《하버드 비즈니스 리뷰》와 같은 경영 저널에서는 종종 기업의 성공과 실패를 가르는 요소 중 하나로 '디테일 경영' 또는 '운영상의 탁월함Operational excellence'의 중요성을 강조하는 연구와 사례들을 다룹니다. 애플, 테슬라, 스타벅스 같은 기업들이 다른 경쟁사보다 뛰어난 성과를 내는 이유는 단순히 제품의 기능이나 가격 때문만이 아닐 수 있습니다. 작은 디자인 요소, 매장의 분위기, 고객 응대 방식 같은 디테일이 소비자의 경험과 브랜드 충성도에 큰 영향을 미치기 때문입니다.

아마존의 창업자 제프 베이조스는 디테일에 대한 집착으로 유명했어요. 그는 아마존의 고객 경험을 개선하기 위해 배송 시스템의 세부적인 부분까지 신경 썼습니다. 예컨대 '아마존 프라임Amazon Prime'의 빠른 배송 서비스는 고객의 작은 불편함까지 해결하려는 디테일에 대한 집중에서 시작되었고, 이는 아마존을 전자 상거래의 선두 주자로 만드는 데 중요한 역할을 했죠.

스포츠에서도 마찬가지입니다. 프로 골퍼와 아마추어 골퍼의 차이는 중요한 순간의 단 1~2타에 불과할 수 있습니다. 프로 테니스 선수와 일반 선수의 실력 차이도 백스윙 각도나 공을 맞히는 미세한 타이밍 조절 같은 디테일에서 나오죠. 100m 달리기에서는 0.01초 차이로 금메달과 은메달이 갈립니다. 이 모든 건 결국 디테일이에요.

파나소닉의 창업자 마쓰시타 고노스케는 성공을 위해 기본적인 노력을 넘어서는 세심한 관리와 디테일에 대한 주의가 결정적임을 강조했습니다. 누구나 할 수 있는 노력은 기본이고, 진짜 차이는 사소해 보이는 부분까지 신경 쓰는 데서 갈린다는 의미로 해석될 수 있죠. 디테일에 신경 쓰는 사람이 결국 승자가 됩니다.

디테일을 챙긴다는 것

사소한 디테일을 챙긴다는 건 무엇을 의미할까요? 하나, 완성도를 높이는 요소가 됩니다. 우리가 감탄하는 명작이나 걸작들은 모두 디테일이 뛰어나죠. 좋은 음악은 음 하나하나의 미세한 조화가 만들어 내고, 훌륭한 요리는 한 꼬집의 소금이 맛을 좌우해요. 영화감독 크리스토퍼 놀란 Christopher Nolan 같은 창작자들은 관객이 의식하지 못하는 작은 디테일이 작품 전체의 완성도와 경험에 큰 영향을 미친다고 강조합니다. 작은 실수 하나가 작품을 망칠 수도 있고, 작은 디테일 하나가 걸작을 만들 수도 있어요.

둘, 신뢰를 구축하는 요소가 됩니다. 사업이든 인간관계든 디테일을 신경 쓰는 사람이 신뢰를 얻어요. 상대방의 이름을 정확히 기억하고, 작은 배려를 놓치지 않는 사람이 더 좋은 관계를 맺죠. 고객 서비스에서도 마찬가지예요. 단순히 제품을 파는 게 아니라 포장 디자인, 손 편지 한 장, 배송 상태까지 신경 쓰는 브랜드가 더 많은 고객을 확보합니다.

셋, 위기를 막는 요소가 됩니다. 사소한 실수가 큰 사고로 이어지는 경우가 많습니다. 항공기 사고 보고서에 따르면, 많은 비행기 사고가 단순한 체크리스트 미비나 사소한 조작 실수, 또는 작은 부품의 결함 같은 디테일 문제에서 비롯된다고 합니다. 공장에서 생산되는 제품도 품질 검사의 작은 차이가 수백억 원의 손실을 불러올 수도 있습니다.

넷, 성장과 개선의 요소가 됩니다. 제임스 클리어가 『아주 작은 습관의 힘』에서 강조한 '1% 개선의 복리 효과' 개념처럼, 매일 1%씩 나아지는 작은 노력이 쌓이면 엄청난 차이를(1.01의 365제곱은 약 37.8) 만들어 낼 수 있습니다. 반대로 매일 1%씩 퇴보하면 (0.99의 365제곱은 약 0.03), 그 결과는 초라해집니다. 사소한 게 무의미하다고 생각하는 순간, 성장은 멈춥니다.

사소한 건 절대 사소하지 않습니다. 디테일이 모여 완성을 만들고, 작은 차이가 큰 성과를 좌우해요. 성공한 사람과 그렇지 않은 사람의 차이는 단순한 재능이나 운만이 아닙니다. 디테일을 챙기느냐, 챙기지 않느냐의 차이가 중요할 수 있어요. 큰 그림만 보고 작은 걸 무시하지 마세요. 작은 것들이 쌓여 큰 그림을 만듭니다.

성공한 사람은
모두 운이 좋았을 뿐이다

"삶이 어떤 얼굴을 보여 줄지는
우리가 매일 선택하는 마음가짐에 달려 있다."
― 나폴레온 힐 ―

운이 중요한 역할을 하는 건 사실이지만 운이 전부라면, 같은 기회를 잡았던 모든 사람이 성공해야 합니다. 현실은 그렇지 않죠. 같은 환경에서 같은 기회를 맞이했더라도, 그 기회를 활용하는 능력과 태도에 따라 결과는 극과 극으로 나뉩니다.

운이란 그냥 찾아오지 않습니다. 준비된 자에게만 보이고, 준비된 자만이 잡을 수 있죠. 이스라엘의 경영 구루 엘리 골드랫 Eliyahu M. Goldratt과 같은 사상가들은 기회가 준비된 상태를 만났을 때 비로소 행운이 되며, 준비가 부족하면 기회가 와도 불운이 될 수 있다는 점을 강조합니다. 기회는 누구에게나 올 수 있지만, 그것을 자신의 것으로 만드는 건 노력과 준비에요.

실제로 연구들도 이를 뒷받침합니다. 2018년 이탈리아 카타니아대학교의 물리학자 알레산드로 플러키노 Alessandro Pluchino 등이 수행한 시뮬레이션 연구에 따르면, 성공에는 운이 매우 중요한 역할을 하지만, 어느 정도의 재능과 준비가 행운을 성공으로 연결하는 데 기여할 수 있음을 시사합니다. 같은 기회를 맞이했을 때, 준비된 사람은 그것을 기회로 만들었고, 준비되지 않은 사람은 그저 스쳐 지나가게 놔두었습니다.

운과 성공의 곱셈 공식

운과 성공의 관계는 '곱셈'의 성격을 띠고 있습니다. 이서윤, 홍주연 작가가 공저한 『더 해빙』에서는 "행운은 우리의 노력에 곱셈이 되는 것이지 덧셈이 되는 것은 아니다. 내 노력이 0이면 거기에 아무리 행운을 곱해도 결과는 0이다."라고 설명하죠. 기회가 찾아왔을 때 그것을 활용할 능력이 없다면, 아무리 좋은 운이 찾아와도 아무 소용이 없다는 뜻입니다.

뮤지션 장기하를 볼까요. 그는 단순히 운이 좋았던 사람이 아닙니다. 2008년 밴드 '장기하와 얼굴들'을 결성하고 첫 앨범을 발표했지만, 초기에는 큰 주목을 받지 못했죠. 주류 아이돌 음악이 지배적이던 시절, 그의 독특한 음악 스타일은 쉽게 받아들여

지지 않았고, 공연 관객도 많지 않았습니다. 그러나 포기하지 않고 꾸준히 공연을 이어 가며 자신만의 음악 세계를 다듬어 나갔어요. 2009년, 〈달이 차오른다, 가자〉가 입소문을 타며 대중의 사랑을 받기 시작했고, 이는 한국 대중음악의 판도를 바꾸는 계기가 되었죠. 누군가는 그가 운이 좋았다고 말할 수 있지만, 준비가 되어 있지 않았다면 결코 성공으로 이어지지 않았을 겁니다.

나폴레온 힐Napoleon Hill은 성공은 종종 실패 바로 다음 단계에 있으며, 많은 사람이 포기하는 바로 그 지점에서 기다리고 있다고 강조했어요. 실패를 반복하다 보면 언젠가는 기회를 맞이하게 됩니다. 준비된 사람에게는 작은 기회조차도 거대한 성공으로 이어질 수 있죠.

운을 만나는 확률을 높이는 방법이 있습니다. 하나, 기회를 만날 수 있는 접점을 늘리는 겁니다. 많은 시도를 해야 해요. 새로운 사람을 만나고, 새로운 경험을 하고, 다양한 분야에서 배움을 쌓아야 합니다.

둘, 자신을 끊임없이 준비하는 겁니다. 운이 찾아왔을 때 그것을 붙잡을 능력이 없다면, 그 기회는 의미가 없어요. 항상 배우고, 익히고, 성장하는 자세를 가져야 하죠. 운은 아무에게나 오지 않아요. 성공한 사람들을 단순히 운이 좋았던 것으로 치부하는 건 그들이 기울인 노력과 준비를 무시하는 것과 다름없어요. 준비되지 않으면 아무리 많은 행운이 와도 전혀 의미가 없습니다.

모든 건
다 때가 있다

"세상이 붙여 놓은 꼬리표나 병명에 쓰러져선 안 된다.
그 또한 통속적 가치관에 지나지 않기 때문이다."

― 오가와 히토시 ―

모든 건 때가 있다고들 합니다. 적절한 시기를 놓치면 기회는 사라지고, 일정한 나이나 시점이 지나면 어떤 일들은 불가능해진다고 말하죠. 정말 모든 일에 딱 맞는 때가 정해져 있을까요? 그 시기를 지나면 아무것도 시도할 수 없는 걸까요? 그렇지 않습니다. 어떤 일에는 적기가 있을 수 있지만, 대부분의 일은 그렇지 않아요.

실제로 "때가 늦었다."라는 말에 흔들리지 않고 새로운 도전을 한 사람들이 많습니다. 예컨대 미국의 건축가 프랭크 로이드 라이트Frank Lloyd Wright는 68세에 현대 건축의 걸작 '폴링 워터Falling water(미국 펜실베이니아주 피츠버그에 있는 낙수장)'를 설계하며 경력 후반부에 큰 영향을 미쳤죠. 도스토옙스키Fyodor Mikhailovich Dostoevskii는 40대 이후에 『죄와 벌』과 『카라마조프가의 형제들』과 같은 위대한 작품을 남겼습니다.

물론 90세 노인이 단거리 달리기 선수가 되겠다고 한다면 현실적으로 어렵습니다. 하지만 같은 90세 노인이 새로운 언어를 배우고, 책을 쓰고, 새로운 기술을 익히는 건 충분히 가능해요. 나이가 많다고 해서 배움을 멈춰야 할 이유는 없죠.

실제로 70대에 질량 분석법의 혁신적인 기술을 개발해 85세에 노벨 화학상을 수상한 화학자 존 펜John Fenn처럼, 인생 후반기에 전혀 새로운 분야에서 성공한 사람들은 많습니다. 그는 1980년대 후반, 70대 초반에 전자분무 이온화법을 개발하며 생화학 연구에 큰 기여를 했고, 93세까지 연구 활동을 이어 갔어요.

미국의 유명한 패스트푸드 체인인 켄터키 프라이드 치킨KFC의 창립자 커넬 샌더스Colonel Sanders는 62세에 첫 프랜차이즈를 열었고, 66세에 자신의 치킨 레시피를 들고 전국을 돌아다니며 사업을 확장해 결국 세계적인 브랜드를 만들었습니다. 그는 수많은 거절을 극복하며 성공을 이뤘죠. 일반적인 기준으로 보면 사업을 시작하기에 늦은 나이였지만, 그는 결코 늦었다고 생각하지 않았어요.

지금이, 하고 싶은 일을 하기에 가장 빠른 시기다

미국 《노인학 저널: 심리 과학Journal of Gerontology: Psychological Sciences》에 실린 노년기 창의성에 관한 연구들에 따르면, 나이가 들면서도 창의성은 유지되거나 특정 영역에서 더 깊어질 수 있습니다. 그뿐 아니라 60세 이상의 성인을 대상으로 창의적 문제 해결 능력을 테스트한 결과, 젊은 성인에 비해 새로운 문제를 해결하는 능력(유동성 지능 관련)은 다소 감소할 수 있지만, 삶의 경험을 바탕으로 한 창의적 사고(결정성 지능 관련)는 오히려 더 풍부해질 수 있습니다.

다만 사회적인 고정관념 때문에 나이가 들면 새로운 도전을 주저하는 경우가 많죠. '스탠퍼드 장수 센터Stanford Center on Longevity'와 같은 기관의 연구들은 새로운 목표를 추구하고 사회적으로 참여하는 것이 노년기 삶의 만족도와 정신적, 신체적 건강에 긍정적인 영향을 미칠 수 있음을 시사합니다.

정말 중요한 건 '지금이 늦었을까?'를 고민하는 게 아니라 '이것을 정말 하고 싶은가?'를 스스로에게 묻는 거예요. 나이가 많다는 이유로, 혹은 세상이 정한 '적절한 때'를 놓쳤다는 이유로 포기하는 것이야말로 더 큰 손해죠. "모든 일에는 때가 있다."라는 말은 스스로 변명거리를 찾고 도전을 미루는 데 사용됩니다.

내가 정말 하고 싶은 일이 있다면, 지금이 가장 빠른 시기에요.

어떤 일은 정말 적절한 때를 기다려야 할 수도 있습니다. 예컨대 어린아이에게 너무 어려운 개념을 가르치는 건 비효율적이며, 신체적인 조건이 중요한 스포츠의 경우 너무 늦게 시작하면 경쟁력이 떨어질 수 있죠. 이런 몇 가지 예외를 제외하면, 대부분의 일은 '언제 하느냐'보다 '어떻게 하느냐'가 더 중요합니다.

나이는 숫자에 불과하며, 사회가 정한 '적절한 시기'라는 개념도 결국 우리가 만들어 낸 기준일 뿐입니다. 결국 중요한 건 자신에게 맞는 시점을 스스로 결정하는 거예요. '지금 시작하기엔 늦었어'라는 생각이 들 때, 정말 늦은 것인지 아니면 스스로 핑계를 대고 있는 것인지 다시 한번 생각해 보세요. 저는 마흔 즈음에 글을 쓰기 시작해서 1년 만에 작가가 되었습니다. 결코 늦었다고 생각하지 않았어요.

모든 일이 시기를 따지는 건 아닙니다. 어떤 일들은 적절한 때를 기다려야 하지만, 많은 일들은 언제 시작하든 지금이 가장 좋은 때죠. 관건은 나의 의지와 결단력이에요. 지금 바로 시작할 수 있다면, 그것이 가장 적절한 때입니다.

워라밸이 완벽히 지켜져야
바람직한 삶이다

"자신이 하고자 하는 것과 할 수 있는 것이
무엇인지 알아야 한다."

― 쇼펜하우어 ―

많은 사람이 '워라밸Work-life balance'을 강조하며, 직장에서의 일과 퇴근 후의 삶을 완벽히 분리해야 한다고 말합니다. 근무 시간 이외의 회사 업무가 개인의 삶을 잠식하게 된다면 정신적, 신체적 피로도가 높아지고 삶의 만족도 역시 떨어질 수 있으니까요. 일리 있는 말이지만 숨겨진 또 다른 측면도 생각해 볼 필요가 있습니다.

만약 자신이 하고 있는 일이 정말 좋아서, 일하면서도 에너지가 충전된다면 어떨까요? 퇴근 이후에도 자연스럽게 일과 관련된 생각을 하고, 여가 시간에도 업무와 관련된 책을 읽고 아이디어를 고민하는 사람들도 있습니다. 그런 사람들은 일을 계속하는 게 부담스럽지 않고 즐겁죠. 스티브 잡스는 유명한 스탠퍼드 연설에서 "당신이 진정으로 사랑하는 일을 찾아야 합니다. 아직 찾지 못했다면, 계속 찾으세요. 안주하지 마세요."라고 말했습니다. 일을 사랑하면 일이 곧 삶의 일부이자 행복의 요소가 될 수 있어요.

'워라밸'보다 중요한 것

중요한 건 일과 삶의 분리보다 내가 그 일을 얼마나 좋아하고 즐기는지 여부입니다. 심리학자 미하이 칙센트미하이 Mihaly Csikszentmihalyi 는 『몰입』에서, 사람이 몰입 상태에 빠지면 그 활동에서 피로감을 덜 느끼고 행복감이 증가한다고 했어요. 그는 오랜 연구를 통해, 좋아하는 일을 할 때 사람들은 시간 가는 줄 모르며 최고의 성취와 만족감을 느낀다고도 말했죠. 좋아하는 일을 하는 사람에게 일과 삶의 경계는 무의미해집니다. 일을 통해 삶의 만족감을 느끼고, 삶을 통해 다시 일의 영감을 얻죠. 대표적 인물이 일론 머스크입니다.

지나친 워라밸 강조 이면에는 상업적 요소도 숨어 있습니다. 기업들은 워라밸을 내세우며 퇴근 후 여가와 소비를 연결시키죠. 여가와 소비를 동일시하게 되면, 결국 직장에서는 소모되고 퇴근 후에는 소비하는 삶이 반복됩니다. 자신의 삶이 워라밸이란 단어에 과도하게 얽매이면, 진정한 삶의 가치나 의미보다는 단지 소비 행위를 통해 스트레스를 푸는 피상적 생활로 흐르기 쉬워요.

워라밸의 개념을 무조건 나쁘다고 볼 수는 없지만, 이를 맹목적으로 좇기보다 일과 삶의 균형을 자신만의 방식으로 정의하고 조율하는 게 더 중요합니다. '워라밸을 지켜야만 행복해'라는 강박적 믿음은 버리세요. 그보다 내가 하는 일의 의미를 찾는 게 우선입니다.

지금 직장에서 행복하지 않고, 일과 삶의 완벽한 분리만을 꿈꾼다면, 근본적으로 '지금 하는 일이 정말 나를 위한 일인가?'라는 질문을 스스로에게 던져야 해요. 어쩌면 문제는 일과 삶의 분리가 아니라, 자신이 선택한 일이 나와 맞지 않는 데 있습니다.

자신이 하는 일이 좋아서, 더 하고 싶어서 퇴근 후에도 몰두하는 사람들은 삶의 만족도가 더 높아요. 삶의 만족도가 높으면 행복도도 증가하죠. 그들에게는 일과 삶의 경계가 오히려 모호한 게 자연스럽고, 이상적인 상태입니다.

중요한 건 일과 삶의 완벽한 분리가 아니라, 자신에게 맞는 삶의 균형을 찾는 것, 좋아하고 사랑하는 일을 찾는 거예요. 그것이 진정한 의미에서의 워라밸입니다.

5장

일상과 배움을 리셋하다

작지만 확실한 변화 만들기

챗GPT에 간단한 문장만 입력하면 순식간에 답을 얻을 수 있고, 소셜미디어로 모든 것을 공유하는 시대를 살고 있습니다. 그렇다면 날마다 새로운 지식을 머릿속에 담아내기보다는 새로운 시선으로 세상을 바라보는 게 먼저 아닐까요?
  하지만 우리는 여전히 '갓생을 위한 미라클 모닝'을 꿈꾸고, '어리석은 질문은 하지 않는 게 낫다'라는 고정관념을 가지고 시대의 변화를 따라가지 못한 채 살고 있습니다. 지금이라도 작지만 확실한 변화를 날마다 이루어 가며 일상을 '리셋'해 보는 건 어떨까요?

독서할 땐 최대한 많이
기억하는 게 좋다

"책을 읽는 건 반박하거나 믿기 위함이 아니라,
깊이 생각하고 고려하기 위함이다."
— 프랜시스 베이컨 —

많은 사람이 독서할 때 최대한 많은 내용을 기억하려고 노력합니다. 한 자라도 더 기억하기 위해 애쓰죠. 저도 한때는 한 문장이라도 놓칠까 두려워 암기 과목 공부하듯 독서를 한 적이 있습니다. 최대한 많은 내용을 기억하는 게 독서의 목적 중 하나라고 생각했어요. 나중에서야 그게 틀린 생각이란 걸 알았습니다.

독서할 때 책 내용을 전부 기억해야 한다는 강박을 버려야 합니다. 물론 책 내용을 많이 기억하면 좋겠지만, 일반적인 독서의 주목적은 그게 아니에요. 책을 읽으며 중간중간 질문하고 생각하고 답하는 과정을 경험하는 게 더 중요합니다. 책을 통해 몇 가지라도 삶에 적용하고 실천하는 것이 독서의 진짜 목적이죠.

많은 내용을 기억해야 한다는 압박감의 부작용은 생각보다 큽니다. 독서 시작을 가로막거나 도중에 포기하게 만들죠. 그것보다는 인상 깊은 구절 하나를 깊이 곱씹으며 실천하려 노력하는 게 훨씬 의미 있고 심적 부담이 적습니다. 세계적인 철학자 프랜시스 베이컨^{Francis Bacon}은 "책을 읽는 건 반박하거나 믿기 위함이 아니라, 깊이 생각하고 고려하기 위함이다."라고 강조했어요.

독서에서는 기억보다 사고 확장이 더 중요하다

실제로 연구에 따르면, 독서 중 스스로 질문을 던지고 비판적으로 사고하는 능동적인 독서 방식이 단순히 내용을 암기하려는 수동적인 방식보다 이해력과 장기 기억 향상에 더 효과적입니다. 인지 과학 연구들은 인간의 뇌가 모든 정보를 저장하지 않고 중요한 정보나 의미 있는 연결을 중심으로 선택적으로 기억하는 경향이 있음을 보여 줍니다.

즉, 모든 내용을 무리하게 기억하려 애쓰는 건 우리 뇌가 원하는 독서 방식이 아닙니다. 우리 뇌는 책과 상호작용하며 질문과 생각을 통해 의미를 찾아가는 과정을 더 가치 있게 받아들여요. 일본의 독서 교육 전문가 사이토 다카시^{さいとうたかし, Saito Takashi}도 『독서력』에서 독서의 목적이 단순한 암기가 아니라, 책을 통해

사고를 확장하고 삶에 적용하는 데 있다고 강조했습니다.

저 역시 독자들이 저의 책 내용 전체를 기억하길 바라지 않아요. 제가 바라는 건 단 하나입니다. 독자가 책에서 얻은 한 줄의 문장을 삶에 적용하고, 그로 인해 조금이라도 삶의 긍정적인 변화를 경험하는 거죠. 그것이 책이 존재하는 이유이고 독서의 진짜 본질입니다.

책을 읽는 진정한 가치는 기억의 양에 있는 게 아니에요. 중요한 건 얼마나 책과 깊이 대화하고, 질문을 던지고, 삶에 구체적으로 적용하느냐입니다. 독서를 하며 최대한 많은 내용을 기억해야 한다는 강박을 내려놓으세요. 책을 펼칠 때마다 부담스러워 하지 말고, 책 속에서 내 삶과 연결되는 질문 하나, 행동으로 이어질 수 있는 문장 하나를 찾으세요. 책을 통해 얻은 몇 가지 질문을 마음에 담고 살아가는 게 책 전체 내용을 외우는 것보다 훨씬 값집니다. 독서는 암기가 아니라 삶의 변화를 위한 도구에요. 기억은 부수적인 결과일 뿐입니다.

오늘부터 부담을 덜고 가벼운 마음으로, 하지만 깊은 질문과 생각을 품고 독서해 보세요. 책 한 권에서 단 하나의 문장이라도 삶에 스며든다면, 그 독서는 충분한 가치가 있어요.

어리석은 질문은
하지 않는 게 낫다

*"내가 모든 인터넷 웹을 다운로드하고,
이것들을 연결한다면 어떻게 될까?"*
— 래리 페이지 —

결론부터 말하면 어리석은 질문은 없습니다. 질문하지 않는 것이야말로 어리석은 행동이에요. 질문을 던진다는 건 생각을 시작하는 것이고, 배움의 문을 여는 것입니다. 그런데 많은 사람이 질문을 주저하죠. 어리석어 보일까 봐, 기본적인 것도 모르냐는 시선을 받을까 봐, 쓸데없는 질문이라 평가받을까 봐. 하지만 질문이 없다면 배움도, 발전도, 혁신도 없습니다. 어리석다고 치부되는 질문조차 중요한 변화를 이끌어 낼 수 있어요.

우리는 때때로 질문의 가치를 질문의 수준으로 평가합니다. 하지만 질문의 어리석음을 판단하는 기준은 다 달라요. 아이작

뉴턴 Isaac Newton이 사과가 떨어지는 모습을 보고 "왜 사과는 위로 가지 않고 아래로 떨어지는가?"라는 질문을 던졌을 때, 당시 사람들 눈에는 어리석어 보였을지도 모릅니다. 하지만 그 질문이 결국 만유인력의 법칙을 발견하는 계기가 되었죠. 알베르트 아인슈타인 Albert Einstein은 '빛보다 빠른 것이 있을까?'와 같은 근본적인 의문을 품었고, 그것이 상대성 이론으로 이어졌어요. 역사적으로 세상을 바꾼 질문들은 처음에는 터무니없어 보였지만, 결국 진리를 밝히는 길이 되었습니다.

질문을 하지 않는 것이야말로 어리석은 행동입니다. 철학자 소크라테스 Socrates는 "나는 내가 아무것도 모른다는 것을 안다."라며 끝없는 질문을 던졌어요. 그의 질문은 단순한 지식을 묻는 게 아니라, 사고를 확장하고 본질을 탐구하는 것이었죠. 물리학자 리처드 파인만 Richard Feynman은 질문의 중요성을 강조하며, 특히 '왜 Why?'라는 질문이 세상을 이해하는 데 핵심적인 역할을 한다고 했습니다. 질문이 없다면 탐구도 없어요. 질문을 던져야 새로운 시각을 얻고, 더 나은 답을 찾을 수 있습니다.

어리석은 질문을 피해야 한다는 생각은 학습과 탐구의 본질을 억압합니다. 모든 전문가는 한때 초보자였고, 초보자는 기본적이고 단순한 질문을 던지며 배우죠. 만약 사람들이 어리석어 보일까 봐 질문을 삼갔다면, 우리는 여전히 지구가 평평하다고 믿고 있을지도 모릅니다. 미국 《과학 학습 저널 Journal of the Learning Sciences》에 발표된 연구에 따르면, '생성형 질문generative questions'을 학습하는 것이 복잡한 개념을 더 깊이 이해하는 데 도움이 될 수 있습니다 Engle et al., 2021.

혁신가들은 질문하고 또 질문한다

심리학자 캐럴 드웩은 질문을 통해 자신의 부족함을 인정하고 배우려는 태도가 '성장 마인드셋'의 시작이라고 강조했죠. 질문의 어리석음은 겉으로 보이는 형태일 뿐, 그 안에는 배움과 호기심이 숨어 있습니다.

질문은 창의성을 자극합니다. 2018년 앨리슨 브룩스 Alison Wood Brooks와 레슬리 존 Leslie K. John이 《하버드 비즈니스 리뷰》에 기고한 글에서는, 질문이 학습을 촉진하고 관계를 개선하며, 결과적으로 창의적이고 혁신적인 아이디어를 내는 데 기여할 수 있다고 합니다. 그뿐 아니라 2017년 하버드 경영대학원의 프란체스카 지노 Francesca Gino 교수가 《MIT 슬론 매니지먼트 리뷰 MIT Sloan Management Review》에 발표한 연구에 따르면, 호기심과 질문을 장려하는 조직일수록 탁월한 문제 해결 능력과 새로운 아이디어 생산성을 보여주었다고 합니다.

구글의 공동 창업자 래리 페이지 Larry Page는 '왜 모든 책을 디지

털로 만들지 않나?'라는 질문을 던졌고, 그것이 '구글 북스Google books'의 시작이 되었어요. 넷플릭스의 창업자 리드 헤이스팅스Reed Hastings는 '왜 사람들은 DVD를 대여하기 위해 직접 가야 할까?'라는 질문을 던졌고, 그 질문이 결국 기존의 영상 대여 시장을 혁신했죠.

질문하지 않는 건 결국 기회를 놓치는 일입니다. 2010년 G20 정상회의에서 있었던 일이에요. 버락 오바마 당시 미국 대통령이 한국 기자들에게 질문할 기회를 주었지만, 아무도 질문하지 않았죠. 어색한 침묵이 흐르자 중국 기자 루이청강이 손을 들었습니다. "실망시켜 드려 죄송하지만, 저는 중국 기자입니다. 제가 아시아를 대표해서 질문을 던져도 될까요?" 오바마는 다시 한국 기자들에게 질문 기회를 줬지만, 결국 질문은 중국 기자가 던졌습니다. 왜 이런 일이 벌어졌을까요? 영어 울렁증 때문일까요? 카메라 울렁증 때문일까요? 아니면, 질문하는 법을 몰라서였을까요?

유대인 교육에서는 '질문하는 능력'을 매우 중요하게 여겨요. 유대인 부모들은 자녀에게 "오늘 학교에서 어떤 점을 배웠니?"가 아니라 "오늘 학교에서 어떤 질문을 했니?"라고 묻죠. 유대인의 토론 학습법인 하브루타Havruta는 질문을 기반으로 합니다. 질문이 곧 사고의 힘이라는 걸 아는 것이죠. 반면, 한국 교육은 질문보다 정답을 맞히는 능력을 강조해 왔어요. 창의적 사고와 탐구 중심 교육이 부족한 환경에서는 질문하는 습관이 자리 잡기 어렵습니다. 어릴 때부터 질문이 자연스러운 문화가 형성되어야 해요.

질문을 두려워하지 말아야 합니다. 국제 학술지인 《교육 연구 리뷰Educational Research Review》에 발표된 '탐구 기반 학습Inquiry-based learning'에 대한 메타 분석 연구 등에 따르면, 질문을 통해 적극적으로 탐구하고 자신의 이해를 점검하는 학생들이 학습 동기 및 자신감이 더 높은 경향을 보인다고 해요.Pedaste et al., 2015. 실제로 스티브 잡스, 일론 머스크 같은 혁신가들은 끊임없이 질문을 던졌죠. 일론 머스크는 "어떤 질문을 해야 하는지를 고민하는 것이 가장 어렵다. 하지만 그것이 해결되면 나머지는 정말 쉽다."라고 말했어요. 그는 로켓을 개발하기 위해 전문가들에게 끊임없이 질문을 던졌고, 기존의 고정관념을 깨면서 스페이스X를 성공적으로 이끌었습니다.

질문하는 능력을 키우려면 어떻게 해야 할까요? 먼저, 관심을 가지고 유심히 관찰하는 습관이 필요해요. 모든 것에 '왜?'를 붙여 생각하는 연습을 해야 합니다. 또한, 질문을 잘하려면 먼저 많이 알아야 해요. 모르면 질문 자체를 할 수 없습니다. 많이 읽고, 깊이 읽고, 제대로 읽어야 하죠. 많이 쓰고, 꾸준히 글로 정리하며 사고하는 습관을 들여야 합니다. 다양한 경험을 통해 직접 부딪히며 깨달아야 해요. 좋은 질문이 좋은 답을 만듭니다.

어리석은 질문을 피해야 한다는 말은 얼핏 맞는 것처럼 보이지만, 실상은 그렇지 않습니다. 진정한 성장은 질문을 던지는 순간부터 시작돼요. 질문이 없다면, 기존의 틀을 깨는 사고도, 혁신도, 발견도 일어나지 않습니다. 질문의 가치는 처음에 얼마나 어리석어 보이는가가 아니라, 그 질문이 어떤 답을 이끌어 내느냐에 달려 있어요. 중요한 건 질문이 완벽한가가 아니라, 질문을 던지는 용기와, 그 질문이 새로운 길을 여는 기회가 될 수 있다는 사실을 아는 겁니다. 질문하는 순간, 변화가 시작돼요. 이어령 선생의 말처럼 물음표와 느낌표 사이를 쉴 새 없이 오가는 게 인생입니다. 끊임없이 물음표를 던지고 느낌표를 찾으세요.

'갓생'을 살려면
미라클 모닝이 필수다

"우리의 삶은 '언제'라는 결정의 끝임없는 연속이다."
― 다니엘 핑크 ―

새벽에 일어나 하루를 일찍 시작하면 생산성이 높아지고, 성공에 가까워진다는 믿음 때문에 나온 말입니다. 실제로 많은 사람이 실천하려고 노력해요. 아침을 정복하면 삶이 더 나아질 것 같아 알람을 새벽 5시에 맞춰 놓고 억지로 눈을 뜹니다. 하지만 시간이 흐를수록 깨닫죠. 이것이 모든 사람에게 정답은 아니라는 사실을요.

미라클 모닝 Miracle morning, 즉 이른 새벽에 하루를 시작하는 게 중요한 것이 아닙니다. 예컨대 소설가 프란츠 카프카 Franz Kafka는 낮에는 보험 회사에서 일하고 밤늦게까지 글을 쓰며 창작 리듬을 유지했어요. 그는 새벽형 인간이 아니었지만, 자신에게 맞는 시간대에 몰입하여 『변신』과 『소송』 같은 걸작을 남겼죠. 시간대가 성공을 결정짓는 게 아니라, 각자의 리듬에 맞춘 집중과 몰입이 중요해요.

저도 억지로 새벽 기상을 시도해 본 적이 있지만 졸음에 집중력이 떨어졌습니다. 오후에 조용히 앉아 글을 쓸 때 오히려 몰입감이 컸죠. 개인의 고유한 생체 시계(크로노타입 Chronotype)에 따라 최적의 인지 능력 및 수행 능력을 발휘하는 시간대가 다르며, 이는 개인별 생산성 편차로 이어질 수 있습니다.

개인별로 최적의 시간대가 다르다고?

생체 리듬과 외부 환경(예: 수면-각성 주기) 간의 불일치는 인지 기능 저하를 유발할 수 있으며, 이는 개인의 생체 리듬에 맞춘 일정이 업무 몰입도 및 효율성을 향상시키는 데 중요함을 시사합니다. 결국 중요한 건 아침이라는 특정한 시간대가 아니라, 내가 주도하는 시간입니다.

개인의 생체 리듬을 고려한 시간 관리는 생산성 향상에 중요한 요소이며, 성공한 사람들은 자신에게 맞는 시간 활용 전략이 있습니다. 찰스 다윈은 오전과 오후에 연구를 집중했고 파블로 피카소 Pablo Picasso 는 심야에 창작하며 작품 활동을 이어 갔어요.

시간 장악이 핵심입니다.

미라클 모닝이 유행한 이유는 아침에 대한 환상 때문이에요. 하지만 연구에 따르면, 개인의 생체 리듬에 따라 생산성이 높은 시간대가 다르며, 아침형 인간은 오전에, 저녁형 인간은 오후나 저녁에 더 높은 생산성을 보일 수 있습니다.

최근 연구에서는 개인별 최적의 시간대가 존재하며, 디지털 기기 사용을 줄이는 등 외부 방해 요인을 차단하는 게 생산성 향상에 중요한 역할을 한다는 점이 강조되고 있습니다. 이는 아침 시간만이 생산성 향상의 유일한 해답이 아님을 의미해요.

본질은 몰입과 집중이에요. 갓생은 언제든 가능하죠. 미래학자인 다니엘 핑크 Daniel Pink 는 『언제 할 것인가』 등에서 '생산성이 작업의 종류와 개인의 에너지 리듬에 따라 달라질 수 있으며, 분석적 작업은 집중력이 높은 시간대에, 창의적 작업은 에너지가 다소 떨어지는 시간대에 더 효과적일 수 있다'고 설명했습니다.

미라클 모닝에 얽매일 필요가 없어요. 중요한 건 하루 중 어떤 시간을 주도적으로 사용하느냐예요. 나에게 맞는 리듬을 찾고, 그 시간만큼은 철저하게 관리하고 몰입한다면, 언제든 '미라클'은 가능합니다. 여러분만의 미라클 시간을 찾으세요.

무료 배포, 제작 과정 공유는 손해다

"사람도 물건도 쉽게 묻혀 버리는 세상에서 완성품이 아닌
'과정'을 판매하는 새로운 전략이 필요하다."
— 오바라 가즈히로 —

상품이나 서비스를 무료로 제공하면 매출이 줄어들까요? 신제품을 출시 전에 공개하면 신비감이 사라지고 고객의 기대감이 낮아질까요? 현실은 정반대로 움직이고 있습니다. 무료 제공, 사전 공개, 제작 과정 공유는 이제 단순한 마케팅을 넘어, 소비자와 브랜드를 연결하는 강력한 전략이 되고 있어요.

행동경제학자 댄 애리얼리 Dan Ariely 는 저서 『상식 밖의 경제학』에서 무료 '허쉬 키세스 초콜릿'과 15센트 '린트 트러플 초콜릿'을 비교한 실험을 소개합니다. 이 실험에서 소비자들은 가격 대비 품질이 더 높은 '린트 트러플' 대신 무료 '허쉬 키세스'를 압도적으로 선택했는데, 이는 '무료'가 가진 강력한 심리적 매력을 보여 주죠.

실제 사례를 볼까요. 2000년대 초반까지 아티스트들은 음원을 유료로 판매하는 게 수익 창출의 핵심이라 믿었습니다. 하지만 스포티파이와 유튜브 시대가 열리면서, 무료로 음악을 공개한 아티스트들이 더 많은 팬을 확보하고 이를 통해 공연 수익이나 상품 판매 등 다른 경로로 더 큰 수익을 창출하는 사례가 늘어났습니다. 무료 공개가 팬 기반을 넓히고 새로운 수익 기회를 여는 중요한 통로가 된 것이죠.

그렇다면, 신제품을 미리 공개하는 건 손해일까요? 아닙니다. 오히려 제품이 시장에서 자리 잡기 전부터 충성 고객을 만드는 강력한 방법이에요. 크라우드펀딩 플랫폼 '킥스타터Kickstarter'가 좋은 예입니다. 킥스타터에서는 창업자들이 완성되지 않은 제품의 아이디어나 프로토타입을 공개하고 개발 과정을 공유하며 후원을 받습니다. 2022년 초까지 킥스타터를 통해 누적된 후원금액은 60억 달러를 넘어섰습니다. 결과는? 제품 출시를 기다리는 열성적인 후원자들이 생겨나고, 브랜드에 대한 신뢰도와 기대감이 함께 올라갔습니다.

출판 업계에서도 비슷한 변화가 일어나고 있어요. 예전에는 작가가 원고를 다 쓰고 출간 날짜만 기다리는 게 일반적이었지만, 요즘은 다릅니다. 김영하 작가는 집필 과정을 유튜브와 SNS에서 공유하며 독자들과 소통해요. 출간 전부터 독자들은 책 일부를 미리 보고 의견을 나누면서, 단순한 소비자가 아니라 함께 만들어 가는 참여자가 되죠. 결과적으로 그의 책은 출간과 동시에 높은 판매량을 기록했습니다. 저 역시 지난 두 번의 출판 과정에서 책이 세상에 나오기 전, 온라인에서 책 내용 일부를 공유해 독자의 참여를 유도하고 피드백을 받았습니다. 물론 이번 책도 마찬가지입니다.

이런 흐름은 단순한 트렌드가 아닙니다. 최근 많은 소비자 연구가 소비자들이 브랜드의 투명성과 진정성을 점점 더 중요하게 생각한다는 걸 보여 줍니다. 예컨대 제품이 어떤 철학과 과정을 통해 만들어지는지 아는 게 구매 결정에 영향을 미친다고 답하는 소비자들이 늘고 있죠. 소비자는 단순히 제품을 구매하는 게 아니라, 그 제품이 담고 있는 이야기와 가치를 알고 싶어 해요.

신비감보다, 참여와 연결이 우선이다

한 가지 더, 제작 과정을 공유하는 게 신비감을 낮춘다고 생각하세요? 신비감보다 더 중요한 건 '참여'와 '연결'입니다. 다큐멘터리 〈셰프의 테이블 Chef's Table〉은 세계적인 셰프들이 음식을 만드는 과정을 낱낱이 공개했어요. 심지어 실패하는 모습까지 숨김없이 보여 주죠. 그러면 레스토랑의 매출이 줄었을까요? 전혀 아닙니다. 방송에 나온 레스토랑들은 예약 문의가 쇄도하고 고객이 급증하는 등 큰 홍보 효과를 누렸습니다. 신비감이 사라진 게 아니라, 오히려 셰프의 철학과 열정에 공감한 고객과의 연결이 더 강해진 거죠.

비즈니스에서도 마찬가지입니다. 테슬라는 신제품을 출시하기 훨씬 전부터 개발 과정이나 기술적 목표를 공개하고, 심지어 프로토타입을 소비자들에게 먼저 선보여요. 결과는 어땠을까요? 소비자들은 출시 전부터 높은 기대감을 보이며 차량을 예약했고, 이는 초기에 상당한 사전 주문으로 이어졌습니다.

결국 중요한 건 신비감이 아니라, 공감과 신뢰입니다. 이제는 소비자가 브랜드와 함께 제품을 만들어 가는 시대예요. 사람들은 단순히 물건을 사는 게 아니라, 그 제품이 만들어지는 과정에 참여하고 싶어 합니다.

물론 무조건 모든 걸 무료로 제공하거나, 모든 정보를 다 공개해야 한다는 뜻은 아닙니다. 하지만 의미 있는 과정 공유, 전략적인 무료 제공, 소비자와의 관계 형성이 이루어진다면, 이것은 강력한 마케팅이자 브랜드의 힘이 돼요. 바야흐로 '프로세스 이코노미 Process Economy(완성품이 아닌 과정을 파는 전략)' 시대입니다.

무료가 손해라고요? 신제품 공개가 위험하다고요? 아니요. 공개하고, 공유하고, 함께 만드세요. 그것이 진짜 경쟁력입니다.

인공지능이 곧
글쓰기를 대신할 것이다

"글쓰기는 삶을 건져 올려 거기에
형태와 의미를 부여하는 방법이다."

— 줌파 라히리 —

AI가 뉴스 기사를 작성하고, 소설을 만들어 내며, 심지어 논문까지 쓰는 시대입니다. 그러다 보니 인간이 굳이 글을 써야 할 필요가 점점 사라질 거라는 의견이 있습니다. 얼핏 들으면 설득력이 있어 보이죠. 생성형 AI는 방대한 데이터를 바탕으로 문장을 조합하며, 형식 면에서는 인간과 유사한 글을 만들어 낼 수도 있어요.

하지만 글쓰기는 단순한 문장 생성과 나열에 그치지 않습니다. 글은 정보를 전달하는 도구를 넘어 생각을 정리하는 과정이며, 감정을 표현하는 방식이자 창조적인 작업입니다. 인공지능이 아무리 발전해도, 인간이 쓴 글은 여전히 콘텐츠의 핵심이며, 인간의 사고와 감정을 담아내는 중요한 수단으로 남을 거예요.

 글쓰기의 역할을 제대로 이해하려면, 현재 가장 인기 있는 콘텐츠들을 살펴봐야 합니다. 유튜브, 영화, 팟캐스트 등 다양한 미디어가 있지만, 이 모든 것의 근본에는 글이 존재해요. 실제로 많은 인기 유튜브 크리에이터들이 콘텐츠 제작 과정에서 사전 기획과 대본 작업의 중요성을 강조하며, 이를 통해 메시지를 명확히 전달하고 시청자의 몰입도를 높인다고 이야기합니다. 이는 잘 구성된 글(대본)이 여전히 강력한 콘텐츠의 기반임을 보여 주는 사례입니다.

AI 시대에 '프롬프팅'이 중요한 이유

 AI가 대본을 쓸 수 있다면, 인간이 할 일은 없을까요? 그렇지 않습니다. AI는 기존 데이터를 학습해 일정한 패턴을 따르는 글을 만들어 낼 수 있지만, 진정한 창의성을 발휘하지는 못합니다. AI가 만든 문장은 그럴듯해 보일 수는 있어도, 인간만이 느끼는 감정과 경험을 담아낼 수는 없어요. 예컨대 AI가 생성한 문학과 인간의 작품을 비교하는 여러 논의나 실험들에서, AI의 결과물이 문법적으로는 정교할 수 있으나 종종 인간 경험의 깊이나 감정의 미묘함을 포착하는 데는 한계가 있다는 평가가 나오곤 합니다. AI는 데이터를 기반으로 기존의 패턴을 조합할 뿐, 인간이 가진 고유한 감성과 독창성을 대신할 수 없었던 거죠.

인공지능 시대의 흥미로운 점은 AI 활용 여부가 '프롬프팅Prompting' 실력에 달려 있다는 사실입니다. 여기서 '프롬프팅'이란 무엇일까요? 바로 글쓰기입니다. 내가 원하는 답을 얻기 위해 AI에 적절하면서 양질의 텍스트를 입력하는 기술이죠. AI가 아무리 뛰어난 글을 생성할 수 있다고 해도, 그 방향과 깊이를 결정하는 건 결국 인간의 '프롬프팅', 즉 글쓰기 능력에 달려 있습니다. 따라서 AI 시대에는 오히려 글쓰기의 중요성이 더욱 부각될 거에요. 예컨대 AI에게 "감동적인 이야기를 써 줘."라고 막연히 요청하는 것과 "40대 직장인의 일상에서 느끼는 소소한 행복을 담은 따뜻한 이야기를 써 줘."라고 구체적으로 요청하는 것의 결과는 천양지차입니다. 아울러 글쓰기 능력은 독서에서 나옵니다.

AI 시대에 글쓰기가 더 중요한 이유는 또 있습니다. 넘쳐나는 콘텐츠 속에서 차별화되려면, 인간만의 고유한 관점과 목소리가 필요하기 때문이죠. AI가 쏟아내는 무수한 글 속에서, 사람들은 여전히 인간의 생각과 감정을 담은 글을 찾아요. 인간-컴퓨터 상호작용HCI 분야 등의 연구에서는 사람들이 AI가 생성한 텍스트보다 인간이 작성한 텍스트에서 더 강한 감정적 연결을 경험하는 경향이 있음을 시사하는 결과들이 보고되기도 합니다.

기업에서도 글쓰기의 중요성은 더욱 커지고 있어요. 나이키의 "Just Do It." 같은 짧은 문장이 전 세계적인 브랜드 슬로건이 된 이유는 단순한 정보 전달이 아니라, 감정을 움직이는 힘이 있었기 때문입니다. 마케팅 및 광고 분야의 연구나 실제 사례들을 보면, 인간의 창의성과 감성적 통찰에 기반한 캠페인이 단순히 효율성만을 추구한 접근보다 더 깊은 소비자 참여나 브랜드 충성도를 이끌어 내는 경우가 많습니다. 이는 글이 단순한 정보 조합이 아니라, 사람의 감정을 건드리는 도구임을 보여 줍니다.

글쓰기는 단순히 정보를 나열하는 게 아니라, 설득과 감동, 통찰을 담아내는 작업입니다. AI는 효율적으로 글을 생성할 수는 있지만, 독창적인 사고를 바탕으로 한 글을 만들지는 못해요. 한계가 명확하죠. AI 시대가 될수록 인간의 글쓰기는 더욱 차별화된 능력이 될 겁니다. AI가 글쓰기의 조력자는 될 수 있어요. 하지만 글에 진정한 의미를 부여하고 사람의 마음을 움직이는 건 결국 인간만이 할 수 있는 일입니다.

기술이 발전할수록 중요해지는 능력이 있습니다. 생각을 정리하고, 감정을 담아내며, 사람들과 연결되는 능력이죠. 글쓰기는 이 모든 걸 가능하게 하는 도구입니다. AI 시대에도 인간의 글쓰기는 사라지지 않습니다. 오히려 더욱 빛을 발할 겁니다. 매일 쓰세요. 매일 여러분의 이야기를 쓰세요. 쓰는 삶을 사세요.

파이어족은
이상적인 삶의 형태다

"우리가 궁극적으로 바라는 것은 진정으로
의미 있고 충만한 삶을 사는 것이다."
― 마틴 셀리그만 ―

많은 사람이 경제적 자유를 이루고 조기 은퇴를 꿈꿉니다. 이들을 가리켜 '파이어FIRE족'이라 부르죠. 'Financial Independence, Retire Early'의 앞 글자를 따서 만든 말이에요. 회사에서 벗어나 하고 싶은 일만 하며, 원하는 곳에서 원하는 사람과 시간을 보내는 삶. 듣기만 해도 이상적인 모습입니다. 그런데 과연 파이어족의 삶이 언제나 만족스럽고 행복할까요?

실제로 은퇴 후 삶의 만족도 변화에 대한 여러 연구를 살펴보면, 조기 은퇴 후 초기에는 만족도가 증가할 수 있지만, 시간이 지나면서 사회적 관계 축소나 목적의식 상실 등으로 인해 만족도가 다시 감소하는 경향이 나타날 수 있다고 해요.

우리는 흔히 '경제적 자유 = 행복'이라는 등식을 떠올립니다. 하지만 돈이 많아도 삶의 의미가 없다면 행복할까요? 심리학자 마틴 셀리그만은 '행복의 5가지 요소PERMA'를 제시했어요. 긍정적 감정Positive Emotion, 몰입Engagement, 관계Relationship, 의미Meaning, 성취Accomplishment. 경제적 자유가 긍정적 감정을 줄 수는 있습니다. 하지만 몰입할 일이 없고, 의미 있는 활동이 없으며, 성취감이 사라진다면 오히려 삶의 만족도는 떨어질 수밖에 없어요.

은퇴, 특히 조기 은퇴 후 사회적 역할이나 활동이 급격히 줄어드는 경우, 정신 건강에 부정적인 영향을 미칠 수 있다는 연구 결과들도 있습니다. 이는 단순한 숫자가 아니라, 많은 사람이 실제로 경험하는 현실이에요.

'경제적 자유'보다 중요한 삶의 명제

물론 경제적 자유는 중요해요. 하지만 중요한 전제가 빠져 있습니다. '내가 정말 하고 싶은 일은 무엇인가?' 하는 겁니다.

파이어족이 추구해야 할 목표는 단순한 '무직'이 아니에요. 비자발적인 노동에서 벗어나, 더 가치 있는 일을 찾아가는 것이죠. 하지만 종종 사람들은 경제적 자유라는 목표 자체에만 집중한 나머지, '그 후의 삶'에 대해서는 충분히 고민하지 않습니다.

의미 있는 활동이나 목적의식을 가지고 살아가는 게 은퇴 후 삶의 질과 건강에 긍정적인 영향을 미친다는 연구 결과는 꾸준히 보고되고 있습니다. 즉, 경제적 자유가 있더라도 삶의 목적이 없다면 장기적으로 볼 때 만족도가 낮아질 가능성이 큽니다.

파이어족이라는 개념을 제대로 정립해야 합니다. 단순히 일을 하지 않는 게 아니라, 내가 정말 하고 싶은 일을 할 수 있는 자유가 진짜 핵심이죠.

모건 하우절Morgan Housal은 『돈의 심리학』에서 이렇게 말했습니다.

"당신이 원할 때, 원하는 것을, 원하는 사람과 함께, 원하는 만큼 오랫동안 할 수 있는 능력은 돈이 당신에게 줄 수 있는 가장 큰 배당금이다."

그렇습니다. 경제적 자유는 단순히 쉬기 위한 게 아니라, 내가 원하는 방식으로 살아갈 기회를 얻기 위한 거예요. 결국 중요한 건 '경제적 자유'가 아니라, '어떻게 살 것인가'입니다. 경제적 자유를 이룬 후에도 우리가 삶의 의미를 잃지 않으려면, '시간의 자유'를 어떻게 활용할 것인지 미리 고민해야 해요.

조기 은퇴보다 더 중요한 건 의미 있는 일을 지속하는 삶입니다. 일이 반드시 고통이어야 할 필요는 없어요. 진정으로 하고 싶은 일을 한다면, 그것은 '노동'이 아니라 '삶의 일부'가 됩니다. 경제적 자유는 끝이 아니라 새로운 시작이에요. 그 시작을 어떻게 설계하느냐에 따라, 우리의 인생은 완전히 달라질 겁니다.

모든 문제는 되도록 빨리, 즉시 해결하도록 한다

"토끼 두뇌만큼이나 거북이 마음도
우리에게 꼭 필요하다."

– 가이 클랙스턴

'소극적 수용력 Negative Capability'을 들어 보셨나요? 영국 시인 존 키츠 John Keats가 처음 사용한 말로, '불확실하고 모호한 상황을 그대로 견딜 수 있는 능력'을 뜻해요. 쉽게 말해 어떤 일이 명확하게 결론 나지 않은 상태를 편안하게 견디는 힘을 말합니다. 우리는 살아가면서 수많은 모호함과 불확실함에 노출되지만, 인간은 본능적으로 이러한 상태를 견디기 어려워해요. 이때 무리하게 상황을 종결짓기 위해 성급히 행동하면 오히려 문제가 더 복잡해질 수 있습니다.

영국의 심리학자 가이 클랙스턴 Guy Claxton은 『거북이 마음이다』

등의 저서에서 빠른 결론을 내리는 것이 늘 최선은 아니며, 때로는 문제가 숙성될 시간을 기다리는 느린 사고방식이 더 창의적이고 효과적인 해결책을 가져올 수 있다고 이야기합니다. 인간관계에서 생긴 갈등을 생각해 보죠. 상대방과 의견 충돌이 있을 때, 당장 감정을 쏟아내고 즉시 해결하려고 하면 관계가 더 나빠질 수 있습니다. 시간을 조금 두고, 감정이 가라앉은 후 이야기를 나누면 오히려 자연스럽게 해결되는 경우가 많아요.

미국의 심리학자 존 가트먼John Gattman도 부부 관계 연구에서 갈등을 다룰 때 '생리적 자기 진정Physiological self-soothing'을 위해 잠시 시간을 갖고 감정이 가라앉기를 기다리는 것을 제안합니다.

우리는 너무 빨리 결론에 도달하려 한다

미국의 리더십 전문가이자 작가인 애덤 그랜트는 『싱크 어게인』에서 우리가 너무 빨리 결론에 도달하려는 경향이 있음을 지적하며, 때로는 문제 해결을 서두르기보다 다시 생각하고 관점을 바꾸는 과정에서 더 나은 해결책을 찾을 수 있다고 조언합니다. 그는 의도적으로 문제를 방치했을 때 더 나은 결과가 나오는 사례들을 소개하며, 무리한 종결 욕구를 내려놓는 법을 강조하죠. 특히 조직의 리더일수록 모호한 상황과 불확실성을 견디는 능력이 탁월한 성과로 이어진다고 말합니다.

사실 우리의 뇌는 모호함과 불확실함을 견디도록 설계되지 않았어요. 신경과학 연구에 따르면, 불확실성은 뇌에서 위협 신호로 해석되어 불안감을 유발할 수 있습니다. 편도체가 활성화되면 스트레스 반응이 나타나고, 이는 두려움과 같은 부정적인 감정으로 이어지죠. 바로 이때 '소극적 수용력'이 필요합니다. 불확실함과 불편함을 억지로 제거하려 하지 말고, 천천히 몸을 움직이거나 명상, 걷기 같은 활동을 통해 감정을 다스릴 필요가 있어요. 감정을 안정시키면, 문제는 자연스럽게 풀릴 수도 있습니다.

모든 걸 즉시 해결해야 한다는 강박에서 벗어나세요. 이는 완벽주의 성향을 지닌 사람에게 자주 나타나는 증상인데, 이로 인해 오히려 더 큰 스트레스와 불안을 경험하게 됩니다. 때론 문제 자체가 아니라, 문제에 대한 우리의 성급한 태도가 더 큰 문제를 만들어요. 모든 일에 명쾌한 답을 내릴 수는 없습니다. 오히려 적당한 거리에서 문제를 바라보며, 그것을 감당할 수 있는 범위 안에서 수용하는 자세가 필요해요.

프랑스 철학자 알랭 드 보통 Alain de Botton은 그의 여러 저작과 강연을 통해 인생의 많은 문제가 명쾌하게 해결되기보다는, 우리가 그것들과 함께 살아가는 법을 배우는 과정 자체에 의미가 있을 수 있음을 시사합니다. 맞습니다. 우리의 삶에 존재하는 모든 문제를 해결해야 한다는 압박에서 벗어나세요. 문제와 공존하는 방법도 배우는 게 더 지혜롭고 성숙한 태도입니다.

Epilogue

리셋, 나다운 삶을 향한 새로운 시작

이 책의 마지막 페이지를 덮으며, 여러분은 어떤 생각을 하고 계신가요? 아마도 '우울증은 나약함이 아니다', '성공은 돈이 전부가 아니다', '세상은 내가 생각했던 것만큼 단순하지 않다'와 같은 새로운 깨달음을 얻으셨을지도 모릅니다.

이 책을 통해 저는 여러분과 함께 '마흔'이라는 나이에 흔히 마주하는 고정관념을 하나씩 깨뜨려 보았습니다. 내면의 불안부터 관계의 오해, 성공과 성장의 기준, 삶의 의미, 그리고 일상과 배움에 대한 편견까지, 우리가 당연하다고 믿었던 사고를 재점검하며 새로운 관점을 제안했죠. 이 모든 여정의 핵심은 바로 '리셋'이었습니다. 수십 년간 익숙했던 생각의 지도를 과감히 내려

놓고 새롭게 바라보는 연습을 통해, 우리는 비로소 스스로 선택하고 책임지는 자유, 그리고 더 나은 삶을 만들어 갈 가능성을 발견했습니다.

물론 이 책이 제시한 관점들이 유일한 정답은 아닙니다. 세상에 완벽한 해답을 알려주는 지도는 없기 때문이죠. 이 책은 여러분이 가야 할 길을 정해 주는 대신, 스스로 길을 찾아갈 수 있도록 돕는 나침반이 되고자 했습니다. 궁극적으로 어떤 생각을 받아들이고 어떤 삶의 방향을 설정할지는 온전히 여러분의 선택에 달려 있어요.

중요한 건 변화를 위한 '리셋' 버튼이 바로 여러분 안에 있다는 사실을 기억하는 겁니다. 낡은 생각에 사로잡혀 있음을 깨달을 때마다 잠시 멈춰 서서, 이 책에서 던졌던 질문들을 다시 떠올려 보세요. 그리고 스스로에게 물어보세요.

'이 생각이 정말 나에게 도움이 되는가?'
'다른 가능성은 없을까?'

마흔이라는 나이는 끝이 아니라, 오히려 불필요한 생각의 짐을 덜어내고 진정으로 원하는 것에 집중할 수 있는 새로운 시작점입니다. 리셋은 한 번으로 끝나는 게 아니에요. 매일, 매 순간,

우리의 생각을 점검하고 새롭게 변화시키는 의식적인 과정이 필요합니다. 오늘 여러분이 리셋한 생각 하나가 내일 더 자유롭고 풍요로운 삶으로 이어지는 첫걸음이 될 거예요.

  이 책을 읽어 주신 모든 독자 여러분께 진심으로 감사드립니다. 여러분의 삶이 더 나은 방향으로 나아가길, 마흔 이후의 여정이 더 주체적이고 충만하기를 간절히 응원할게요. 이제, 여러분의 이야기를 새롭게 써 내려갈 시간입니다. 변화를 두려워하지 말고 지금 바로 리셋!

마흔, 더 늦기 전에 생각의 틀을 리셋하라

펴낸날 2025년 8월 10일 1판 1쇄

지은이 박근필
펴낸이 金永先
편 집 박혜나
디자인 김리영
마케팅 신용천

펴낸곳 알토북스
주 소 경기도 고양시 덕양구 청초로 10 GL 메트로시티한강 A동 19층 A1-1924호
전 화 (02) 719-1424
팩 스 (02) 719-1404
출판등록번호 제13-19호

ISBN 979-11-94655-11-4 (03190)

> 알토북스와 함께 새로운 문화를 선도할 참신한 원고를 기다립니다.
> 이메일 geniesbook@naver.com (원고 투고)

- 이 책은 저작권자와의 계약에 따라 발행한 것이므로 본사의 허락 없이는 어떠한 형태나 수단으로도 이 책의 내용을 사용하지 못합니다.
- 파본은 구입하신 서점에서 교환해 드립니다.